U0137288

世間縱得平治，終不免生老病死之災橫

大菩提論

人生學（下）

二乘雖得出離，復無宏濟有情大悲無畏之願力

王恩洋 著

人生學總目

（頁數）

第一編　人生之實相

第二編　世間學：儒學大義

第三編　出世間學：解脫道論

第四編　大菩提論

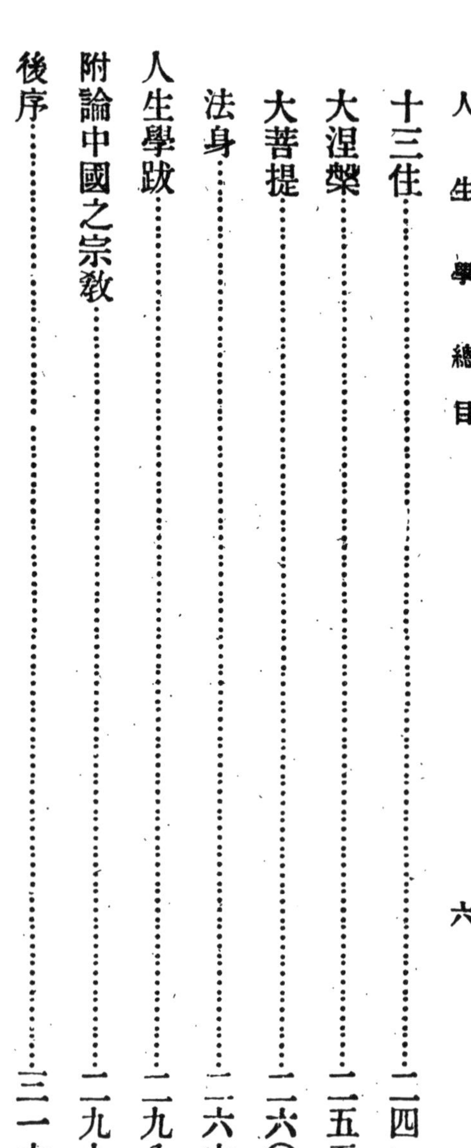

大菩提論　人生學　第四編

儒學大義已說世間人羣生養修齊治平之道，解脫道論中復說出世資糧加行修道及果，然世間縱得平治，終不免生老病死之災橫，二乘雖得出離，復無宏濟有情大悲無畏之願力，一生雖得修治，其如無量生死之險趣何？一身雖得度脫，其如無量有情之苦難何？人生之學，其猶未臻至極究竟廣大無邊之境也。有大菩薩焉，恆處世間，成天下之平治，而不住生死。恆修聖道，成無上之解脫，而復不住涅槃，大慈大悲，大智大力，度脫有情，窮未來際而成就無上大菩提者，斯爲廣大無邊至極究竟者也。以是因緣，作大菩提論。一者大士行，二者大士行果。

大士行

所謂大士行者，梵言菩薩摩訶薩，菩謂菩提，義卽正覺。薩謂薩埵，義卽有情。摩訶，大義。智慧殊勝，自覺覺他，達法眞際，離諸迷惑顚倒，能拔一切苦，成無上菩提，故名菩薩，義謂覺者。德量廣大，志願超絕，以他爲自，慈悲澈心，難行能行，勇猛無畏，於有情中爲尊爲勝，普能攝伏一切魔怨，而非凡外所能攝伏，心大力大，行大果大，故名摩訶薩，義謂大士。諸經論中有時或稱菩薩，有時或稱摩訶薩，有時合稱菩薩摩訶薩，語或增減，義唯指一。行謂行爲，造作爲性，義卽是業。就能行言，謂諸勝德。就所行言，謂諸正道。由如是勝德，行如是正道，造作成辦如是大業，故名爲行。唯諸大士，有如是勝德，行如是正道，成辦如是廣大事業，大士之行，名大士行，或名菩薩道。

此大士行，廣大甚深，勝義無盡，總以五門，次第辯釋。一者總持，二者體量，三者願求，四者正行，五者正行淸淨。

總持第一

一切菩薩，攝受一切有情以爲自體，爲欲拔除一切雜染，成就無上菩提故，至誠懇摯，勇猛精勤修行一切善法；如是至誠勤勇修行一切善法，而無我想人想，有情想，法想非法想如如不動，不取於相，是爲大士行。

是總持義，總持大士行自相，亦別總持大士行體量，願求正行，及正行清淨，故名總持。自下別別廣辯。

體量第二

言大士行體量者，謂如總持中言：『一切菩薩攝受一切有情以爲自體。』攝謂引攝，取爲自體。受謂領受安危共同。情謂情識分別覺了。異無情物，如木石等故云有情。如人天餓鬼傍生等是。一切者，盡所有義，無差別義，普徧周盡故名一切。自體者一身義，猶如人身眼耳鼻舌皮肉精血手足骸骨心肝肺腸種種事物合爲一體，安危共同，苦樂互通，交相扶衞，交相營養，此之所作彼亦賴焉，此有所患彼亦傷焉，故稱一體。一切菩薩於諸有情，無有差別，普徧周盡，攝取領受，以爲一體；一切有情所有安危苦樂功罪，若自有之，若自受之；如是拔除他苦；猶拔自苦；與他以樂，猶與自樂；見他功德，如自功德，其心隨喜；見他罪惡，如己罪惡，誓與除悔；譬如一身，頭目手足，苦樂相關，安危共同，等無有異；是爲攝受一切有情以爲自體也。問、一切有情體各別異，云何攝受爲自體耶？答、由攝受故便成自體。所以者何？譬如一身，設不攝受，不成自體故。如病狂人，執持刀杖，自殘耳目，毀斷肢節。或如常人所棄便穢，已割瘡癰，雖自身分，由不攝受故，便不成自體。如是雖諸有情體各別異，由攝受故，與同苦樂，與同安危，便成自體。故由攝受自體義成。

此中菩薩以何法攝受？云何能攝受？

答、以慈悲法攝受，由慈悲故便能攝受。

慈謂無瞋，於他有情不生恚惱。悲謂不害，於諸有情不爲違損。又慈者，慈惠，於諸有情能與利樂。悲者，悲愍，於諸有情能拔苦厄。由諸菩薩自性賢善，自性仁慈，性無瞋害，具平等心，視他如自，自受樂時，見他無樂，則便於他起慈愍心，欲他同己等受此樂便與以樂；設自無苦，見他受苦，則便於他起悲愍心，欲他如己，等無苦故，便拔其苦。故經論言：慈謂與樂，悲謂拔苦。此二俱以無瞋爲性，由無瞋恚，方能起平等心，與樂拔苦故。既諸菩薩於諸有情常行慈悲，視他如自，故能攝受一切有情以爲自體。

如是慈悲，有情共有：如父母於子，撫育鞠養，殷勤愛護，飢則爲之食，寒則爲之衣，疾病將養，如護頭目，設遇危難，寧捨自身而全子命，儻遭不幸，涕淚憂悲，痛澈肝髓。下至禽獸，共有此心，是故伏雞搏狸，乳犬吠虎，由愛子故，忘其自身，勇決無畏。孟子云：今人乍見孺子將入於井，皆匍匐而往救之，非欲內交於孺子之父母也，非欲要譽於鄉黨朋友也，非惡其聲而然也。是故惻隱之心，人皆有之。卽此便知有情咸有慈悲之心卽此皆能攝他爲自。以是儒者，常言人皆可以爲堯舜。諸佛亦說，一切有情皆有佛性。然凡夫之心，由煩惱邪見所雜染故，由不善護善修慈悲心故，不能純一，不時相續，不能廣大無量，是以不成大慈，不成大悲，不能於一切有情平等攝受；種種愛憎，種種界域，顚倒分別，殺盜婬妄，一切惡業皆由是起，由是世間惡因惡果，相續不絕。此如愛其家者，雖父子兄弟之間能起慈悲，然由貪著其家故，便不能大公無私廣愛他人。又如愛其國者，雖殺身破家以爲其國有時亦能然，於他人之國則便生起仇忌毒害之心，不能大公兼愛人國。亦有具大同思想者，於一切人類能具慈心矣，然自人類而外則便弗能平等攝受，以爲禽獸之屬原爲人役原爲人食無所用其憐恤也。凡此種種皆始於貪愛自私，成於邪見分別，而禍烈於瞋忿惱嫉。此國家主義極發達之時代，所以演成歐洲大戰空前未有之慘劇也。自此而外，民族與民族之間有爭，宗教與宗教之間有爭。一是皆由不能以平等大慈平等大悲攝受一切有情以爲自體，咸以爲此範圍此界域以內爲吾所當愛，所當護，所當攝受憐愍；自此範圍界域以外則雖殺之不爲不仁，欺之不爲不義，而可任吾之力，任吾意所欲爲。是故有情縱有慈悲，不能廣大。況夫於彼範圍界域以內，多以貪欲利害之故而結合圍聚，非眞能以慈悲攝受以爲一體者耶？此世間所以多爭，有情所以多罪，荆天棘地，殺盜相尋，痲木不仁，下至家人父子兄弟夫婦之間猶有界域重重不克全其慈孝愛敬者，吁，可哀矣已！若夫菩薩，則異於彼。於諸有情，不起分別，平等周盡，一切攝受。能斷金剛般若波羅密多經中佛告妙生言：『諸有發趣菩薩乘者，當生如是心：所有一切衆生之類，若卵生，胎生，濕生，化生，若有色無色，有想無想，非有想非無想，盡諸世界所有衆生，如是一切我皆令入無餘涅槃而滅度之。雖令如是衆生證圓寂已，而無一衆生入圓寂者。何以故？妙生，若菩薩有衆生想者，則不名菩薩。所以者何？由有我想，衆生想，壽者想，更求趣想故。』菩薩慈悲廣大如是。一切世間，孰能及此？故唯菩薩爲大慈者，爲大悲者。經中雖令如是無量衆生證圓寂已而無有一衆生入圓寂者云云者，意卽顯示一切菩薩攝受有情以爲自體義。視滅度他卽滅度自，更不於他作衆生等想，以他卽自故。故無著菩薩釋此經云：『欲明所有一切衆生悉皆攝同菩薩己身，由斯度他但是寂滅己身，無別有情也。』

如是菩薩攝受一切有情以爲自體，是爲大士體量。由依止如是體量故，大士之行，成大士行。所以者何？凡諸所行，必以體量爲根本，隨其體量大小種種不同，故其所行亦有大小勝劣種種差別。諸以個人爲體爲量者，則其所行不能越彼個人體量？種種所行皆爲自私。諸有以家以國爲體量者，則其所行以家以國爲體爲量，不但私其身，不但私其家有時捨己爲家，破家爲國皆所不惜。所以者何？以其家國，卽其自體故。如是大士以一切有情爲自體故，諸有所行，普爲世間無量無邊一切有情。自度度他，難行能行，難忍能忍，長時不倦，無有休息，廣大殊勝，無邊無量。是故依止如是體量，成大士行。如是釋大士行體量竟。

願求第三

云願求者，謂如說言：『爲欲拔除一切雜染，證得無上菩提故。』

何者一切雜染，以何義故拔除一切雜染耶？

生雜染，業雜染，煩惱雜染，是爲一切雜染。無量憂苦所逼切故，無量過失所叢聚故，自性垢穢不寂靜故，是故應除一切雜染，謂諸菩薩，觀察世間生死流轉，常爲種種苦所逼切，所謂生苦，老苦，病苦，死苦，怨憎會苦，愛別離苦，求不得苦，一切無常五取蘊苦，生諸惡道更爲衆多苦器苦境所損害苦，縱生天中暫時受樂而由懈怠放逸不修聖道故受報盡時還墮三途不畢衆苦。若廣分別，一切有情有百一十種苦。諸大菩薩，見諸有情無始生死，常受如是種種苦故，悲願纏心，誓拔彼苦。

次復觀察如是衆苦，以何爲緣，由何所起，由拔彼故，苦得拔耶？如理思惟：知彼苦者，以業爲緣，由業所起，所謂由行故有識，由有故有生，由生故有老死憂悲苦惱，由善業道故生人天中，由惡業故生三惡趣中。故生雜染，緣業雜染起。

復次，菩薩觀如是業，其性雜染所以者何？諸惡業者，能自損害，能損害他，能自敗壞，能敗壞他，謂斷他命，奪他財物，婬人婦女，間人骨肉，如是種種損害於他。於作業時，自亦生起種種忿毒惱悔憂危疑懼，戕害自心。或所作不遂，還自殺害等。於現法中有如是等衆多苦惱。於後法中，復令其身隨業輕重，墮三惡趣，受極重苦。如是惡業過失無量彼善業者，雖無如是惡業過失，然是世間善業攝故，性是有漏，有爲有取，非勝善法。雖感人天福而不畢衆苦。業力既盡，還復退墮，無常不堅，如幻如影，如電光石火，不可信保。是故彼業，仍多過失，諸有智者，不應希求，不應滿足，與諸惡業，等應拔除。

次復觀察如是業者，以何爲緣，由何所起，由彼斷故業不起耶？如是思惟：知是業者，煩惱爲緣，由煩惱起。所謂無明緣行，愛取緣有，由諸有情不了異熟果愚故，造非福行。不了勝義苦愚故，造福不動行。次復於結生相續時，由彼彼地，彼彼境界爲緣，起彼彼界地愛取。由愛取資潤業力故，有有。由有故有生。是故一切業雜染，緣煩惱雜染起。

復次菩薩觀察如是煩惱，自性垢穢，非淨善法，性不寂靜，無始時來，纏縛有情，擾惱身心。謂隨生起貪瞋癡等，其相躁擾，多諸染著，多諸懊惱，多諸黑闇，多憂多恚，多諸誤失，多諸囂動，馳求散亂渾濁，有如是等衆多過失。是故自性唯是雜染，況復能起惡不善業，流轉生死，受無量苦？凡有智者，寧不拔除？

復次菩薩觀察如是三種雜染，由煩惱故起業，由業故感生，復由於生不正了知故依彼根身，緣彼境界，復起種種煩惱雜染，若貪，若瞋，若愚癡等，煩惱起故，復造諸業。由彼彼業復感彼生。如是三種雜染無始時來，更互爲因，更互爲果，輪轉無窮，如環無端諸菩薩等知欲無彼生當除其業，欲除彼業，當斷煩惱，此煩惱者，應如何斷耶？應先於彼所依所緣，根身器界，如理作意正審觀察苦空無常無我不淨由知苦故斷集，修習正道，證無餘滅。是爲菩薩，拔除一切雜染。

一切有情，非無願求，非不欲除一切苦惱。然彼所求，不離諸欲；所欲除者，不離現境諸苦；求之除之，復多不以正道。所謂欲者，飲食居住衣服欲，男女室家欲，及此所依社會秩序國家治安欲。所云現境諸苦者，謂彼相違飢寒凍餒，惸獨鰥寡，盜賊刼掠，暴政掊克，異類强豪逼陵侵奪等。菩薩於此等諸人情，未嘗不起悲心愍心，亦常於他施以資財，施以無畏，盡其所有，竭其所能，雖捨身分亦無慳吝。然而觀察諸欲過失多故，觀察現苦業所招故，當修正因以成妙果，更復觀察：生死流轉自性雜染，有生必死，無常迅速，世樂不堅，苦不可避，根本澄淸，惟當拔除一切雜染，乃得竟究解脫。以是異諸恆情，不以欲求諸欲爲願，但以拔除雜染爲願。悲智廣大，異諸恆情，如是如是。

所謂證得無上菩提者，菩提謂覺。菩提三種：謂聲聞菩提，獨覺菩提，阿耨多羅三藐三菩提。第三菩提是佛菩提。於菩提中，最勝無上，是故說名無上菩提。何故願求證得無上菩提耶？以能拔除一切雜染，法界清淨故。何謂法界清淨？瑜伽師地論云：「謂修正智故，永除諸相，證得眞如。譬如有人，於眠夢中，自見其身，爲大暴流之所漂溺；爲欲越度如是暴流，發大精進；即由發起大精進故，欻然便覺；既得覺已，於彼暴流都無所見。」當知此中暴流漂溺，喻諸生死。發大精進，喻修正行。欻然便覺，喻成菩提。於彼暴流都無所見者，喻法界清淨由不起邪分別故，能觀法界清淨由無所見故，彼顚倒境雜染無故，所觀法界清淨。即此便已拔除一切雜染。謂諸有情無始時來，無明不覺，起業受果，流轉生死，恆處夢中。彼諸境界，業生煩惱，一切雜染但隨心現，依心所起。是故經言：三界唯心。由不覺故，執爲實有，愛著纏縛。由是生死相續不絕，由修正行聞思修習，成勝智慧，便於彼覺。既得覺已，彼相境界，及諸習氣，便從自心而悉斷滅，雜染斷故，苦果不生，由是涅槃法界清淨。般若波羅密多心經云：『觀自在菩薩行深般若波羅蜜多時，照見五蘊皆空，度一切苦厄。』行深般若時，是覺時。證五蘊空，是證法界清淨。度一切苦，是拔除一切雜染。由是等知流轉還滅，但等夢覺。由正覺故便斷雜染，是故欲除一切雜染，當求無上菩提也。聲聞獨覺亦斷生死，更不造業，無諸煩惱，何必更求無上菩提耶？所知障在，習氣猶存，雖成解脫，非畢竟淨，又彼僅能斷自雜染，不成就他，小果僅成，自私自利，悲願薄弱，業用有盡，是故菩薩不希求彼。前既說云：大士攝受一切有情以為自體，視度脫他如自度脫，是故發願：『所有一切衆生之類，我皆令入無餘涅槃而滅度之』，非大覺尊，十力無畏，勝德莊嚴，云何能辦？故諸菩薩，視彼二乘解脫，譬如探囊取物，而忍不取證，甘願長劫生死，三大僧祇精進修行，殊勝難行，以得無上正等正覺，於大般涅槃成牟尼尊，利益有情無窮無盡。諸大菩薩求證菩提，如是如是說大士願求竟

正行第四

言正行者，謂如說言：『至誠懇懇，勇猛精勤，修行一切善法。』

所謂至誠懇懇修行一切善法者，此顯菩薩以淨信心行正行故。純直一心親順倚任，是爲淨信。由淨信故，凡所修行眞實不虛，無染無雜，忠藎殷重，不懈不息。是故說云，至誠懇懇也。非如世俗僞修行者爲利養名聞故，矯現善相，罔他榮譽，邪命自活。亦非畏他爲脫命難因緣等故，勉强暫修諸善加行，終當退屈。菩薩修行離此二相，悲是實悲，願是實願，眞心素履，至誠修習，懇懇修習，是爲菩薩以淨信心修行正行

所云勇猛精勤修行一切善法者，此顯菩薩以精進心行正行故。勇猛無畏精勤不息，是精進義。謂諸菩薩，由淨信故，便能精勤修行正行。淨信差別，有其三種：謂信有實，信有德，信有能。由彼自信有力有能於世出世一切善法能得能成故，便能勇猛無所畏屈堅固發心修諸善法。由信世出世間眞實諦理，由信三寶眞實威德，深解印持，

一切外道異論不能引轉故，便能精勤不息極深願求長時無間修諸善法。故云菩薩由淨信心能起精進。復次菩薩自性勇健，自性堅强，有大願心，有大勢力，於勝善法無有怯畏，於大苦難無有退屈，是故難行能行，難忍能忍，長時不懈正修加行，徧能策發一切善心徧能成辦一切事業，故由精進修行正行。當知菩薩一切善法，由淨信故而得任持，成眞善法。由精進故而得策勵，而得發起，而得成辦。故離二法，不能修行一切善法。故云至誠懇懇勇猛精勤修行一切善法。

所謂一切善法者，何者菩薩一切善法？

一切有情所有善法，是諸菩薩應行善法。由諸菩薩，順世軌儀，令他親信，方便引攝入聖道故，亦能令他，於世善法，正修習故，迴向菩提，成勝資糧故。

一切二乘聲聞獨覺所有善法，是諸菩薩應行善法。由善彼法，方便降伏彼憍慢心，方便引攝入大乘故。亦令彼彼種性有情，令於自乘得正教化，而成熟故，亦自成辦當來大涅槃界勝資糧故一切如來所有善法，是諸菩薩應行善法。發心修行，正求彼果故。

一切菩薩所有善法，是諸菩薩應行善法，是大菩提大般涅槃彼果因故。

如是世出世間一切善法，若十善業道靜慮解脫等持正至，四念住四正斷，四神足，五根五力七覺支八道支，九想十想十種隨念十一種智，三無漏根，奢摩他毗鉢舍那，四攝事四勝住，三明，五眼六神通，六波羅密七聖財，八大士覺九有情居智陀羅尼門，三摩地門，十地十行，十忍二十增上意樂如來十力，四無所畏四無碍解，十八佛不共法，三十二大士相八十隨好，無忘失法恆住捨性，一切智道相智，一切相智一切相微妙智，大慈大悲大喜大捨，及餘無量無邊佛法，如是諸法皆是菩薩應行善法。欲廣宣說，豈凡智力所能窮盡？然諸佛菩薩常樂宣說，菩薩勝行，所有六種波羅蜜多。當知如是六種波羅蜜多，善能引發諸餘善法，善能成就諸餘善法，一切善法無不攝入六波羅密，修行六波羅密多故，卽能修行一切善法。如諸經論，處處宣說。今以微智，亦且略說菩薩所攝六種波羅蜜多。所謂惠施，淨戒，安忍，精進，靜慮，般若，別別廣辯如次。

惠施

惠施以十義辯；一自性，二因緣，三無罪，四差別，五平等，六難行，七善慧，八清淨，九勝義，十威力。

何謂惠施自性？謂諸菩薩，自性慈愍，爲欲平等利益安樂一切有情故，於自財法無所顧惜，由無貪俱行思造作心意業，及因此所發身語二業，以無罪財法，安住律儀阿笈摩見惠施，應施一切有情，是爲惠施。

如是已顯惠施自性相。當如此中，並顯惠施因緣，及無罪相。謂如說言：『自性慈愍，爲欲平等利益安樂一切有情故，於自財法無所顧惜。』此顯惠施因緣性。謂如問言：菩薩由何布施？當正答言：由性慈愍，爲欲平等利益安樂一切有情故。又復問言：菩薩何能施？當正答言：於自財法無所顧惜故。設無慈愍心，無利他欲者，必不行施。設於自財法多有慳吝者，必不能施。是故此二，爲施因緣。又若於自財法雖無顧惜，然非由慈愍心，非由利他欲，一切愚人浪子任意棄捨所有財物，如是棄捨不名惠施。設雖有慈愍心有利他欲，然由無始時來性住慳吝，或無大乘種性故，於自身財多所顧惜，亦不能行廣大惠施，如舍利弗爲施眼故退菩提心。唯諸菩薩慈悲廣大，爲利他故，於自財法乃至頭目腦髓都無所惜，由是因緣方能徧行一切難行難施廣大施事。

　復言『以無罪財法安住律儀阿笈摩見惠施應施一切有情者，』此顯惠施無罪相。謂雖施，然由施物不淨故，戒不淨故，見不淨故，田不淨故，雖施而有罪。施物不淨者，謂如他所有物，不與而取，持用布施。或以罝網刀劍施諸屠獵，或以毒藥利刃施諸愚癡狂亂者等，是名施物不淨。戒不淨者，謂自不安住淨戒，以不律儀而行於施。如諸盜賊，小惠利人，雖有所施，而不以義。或於施時，自心憍倨，由有所施而自矜伐，戲笑怒罵，陵懱於他，是名戒不淨。見不淨者，謂住外道邪見，如殺羊祠祀得生天等。或謂施無果，或謂唯施得福，唯施最勝。如是等，名見不淨。田不淨者，田有四種：一慈悲田，謂貧苦無依者。二恩德田，謂於有恩者。三親愛田，謂所愛敬者。四尊勝田，謂諸聖賢有大功德者。於是等中，應行惠施。若異此者，彼受施人不住律儀，不住正見，或行放逸，或懷邪心。若以財法惠施彼時，彼由是緣，長其勢力，惡行無厭，或著利養，壞其功德。如阿難以神通法，致提婆達多，彼由是緣，貪欲無厭，造作諸惡，生地獄中。是爲田不淨。由如是等種種不淨，雖行惠施而多罪過，無有功德。無罪施者，謂由施物淨故，所謂以無罪財法。戒淨故，所謂安住律儀。見淨故，所謂安住阿笈摩。見田淨故，所謂惠施應施一切有情。此中無罪財法者，謂自所有物，若身若財，若自善法，由正道正業所獲，非由邪語邪業邪活命法詭詐而得，或不與取盜竊所得。又此財物，非毒非害，不於有情作不饒益。所施法者，非邪非妄，不生有情種種邪惡見取，是爲無罪財法。安住律儀者，謂自受持淨戒，不行非法非義惡行，亦不以是不法義行施染於他。又惠施時，不因施故於受施有情輕懱陵辱憍慢戲罵，由平等心，由慈愍心，舒顏平視，愛語問訊，含笑先言，謙下恭敬。但覺是施分所應爲，非希奇事。於受施者作福田想，彼受我施，成我功德，助我積集福德資糧，遠能令我成就無上正等菩提，故彼有情於我大作饒益，爲大恩者，終不生起我於有情有恩德想。是爲安住律儀。安住阿笈摩見者，阿笈摩此云傳來，聖教正理三世諸佛展轉傳來，故佛正教名阿笈摩。正教所攝見正教所生見，名阿笈摩見。謂於惠施不起邪見，不謂不如理施能引福果，不說如理施不引福果，亦不執取唯施得福，唯施最勝。離不如理施，行應理施，見是惠施能伏慳纏，能正攝受饒益有情，能感增上異熟福果，能於菩提作勝資糧，能莊嚴心，能助伴心，能得上義。由如是義，應行惠施，是爲安住阿笈摩見。惠施應施一切有情者，謂隨彼彼有情田器不同，故應施彼彼種種惠施，或時不施，非於一切有情同一惠施，或一切施。諸大菩薩見諸有情種種不同，或有貧窮，或有富饒，或有依怙，或無依怙，或有苦難，或受安樂，或是利根，或是鈍根，或是貪行，或嗔等行，或未成熟，或已成熟，如是或應以財攝受，或應以法攝受，或應以無畏攝受，或應以小法攝受，或應以大法攝受，或應以淨行攝受，或應以善巧攝受，或應以淨惑攝受，隨彼彼器，彼彼根，種種不同，各隨所應而行種種不同惠施。亦復有時見彼有情性多貪染，性多嗔嫉，性多憍慢，性多惡見，若復施以財法無畏，當益長其貪心嫉心憍慢等心，或於正法誹毀譏謗，造作諸惡，感大重罪，於時菩薩安住慈愍利益彼心，故於自財法全不惠施彼彼有情。是爲惠施應施一切有情。應施一切有情，是應受施者義。總依如是施物，戒，見，及田淨故，說『以無罪財法乃至惠施應施一切有情。』是爲施無罪性。

惠施差別相者，謂略說惠施有三種差別：一者財施，二者法施，三者無畏施。財施者，或以資生什物：謂飲食衣服居室等。或資生具：謂錢財田地工藝器械等；以如是等惠施有苦有貧無依無怙衆生，令離憂苦資生無闕。或於有恩所，如父母師長等；於有勝德所，如三寶賢聖等；爲報酬恩德故，爲求上義故，而興供養親附承事。或於親愛所，如眷屬朋侶等，養育酬敬，固結恩義。或以財物爲作一切有情公共利益故，修築道路，建造橋梁，疏通溝洫塘堰河渠以利農事，而便交通。或建義倉而備荒年，乃至其餘種種事業。所施財物，現前雖無受者，當來實造廣大福利。或以財物爲令三寶不斷絕，故興建寺宇，集結法社，刊印聖像，流通經典，聚集徒衆，廣興敎化，如是等，尤爲殊勝廣大福業，是爲財施。

法施者，謂以聖敎正理善巧方便，如理應機施濟於他，爲欲令彼彼有情長處生死昏衢黑夜爲諸煩惱衆苦所縛惱者，得照明故，得醒覺故，得離縛解脫故，施以正法；未生信心爲令生信，已起信者令得趣入；已趣入者令得成熟；已成熟者令得解脫。爲諸智者施以大法，爲愚癡者施以淺法，爲貪行者說不淨觀，爲嗔行者說慈悲觀，爲癡行者說於緣起，令慢行者觀界差別，令尋伺者觀出入息，二乘種性者敎以聖諦解脫，住大乘種性者敎以六度大悲菩提，無種性者敎以十善業道，諸如是等，是爲法施。又諸菩薩有大智慧具大勝德，戒行圓滿，身爲軌範，攝大徒衆，普化人天，爲師爲尊，爲導爲明，爲依爲皈，爲橋梁洲渚，顯揚聖敎，令法久住，紹隆三寶，使不斷絕，如龍猛無著，如慧遠玄奘，法施無邊，功德無量。又如儒言儒行，倫常日用，禮樂仁義，修身正心，己立立人，移風易俗。乃至世間智明科學技藝善巧方便，能以少力得大果利，以其心得，迴施有情，不爲專利，據爲私有。是皆法施種類也。

無畏施者，謂諸有情有苦有難，或爲虎狼獅子所逼所逐，或爲强盜賊人所迫所脅，或逢大火或溺狂流，或爲暴政毒刑所加，或爲異族强鄰所侮，悲號慘切，無救無依；菩薩爾時，心生不忍，惻隱哀傷，如同身受；於是隨己力能，或以自身入虎狼穴，入盜賊巢，入大火聚，入大水流，履險蹈危，而救彼命，縱失身命亦不自惜。或以智辯，或以威力，除暴緝凶，捍禦外侮；如楊香打虎，如西門豹投巫，如沛公除秦苛法，如緹縈請除肉刑，如弦高之却秦師，如墨翟之難公輸，如禹平洪水，成湯放桀，文王伐崇，武王伐紂，乃至華盛頓之獨立，加富爾之中興，林肯之釋黑奴，威爾遜之參歐戰，諸如是等，皆無畏施復次，諸大菩薩，以慧眼觀察一切有情長夜沉淪生死大海，無明暴風所飄，愛欲狂流所溺，憂悲苦惱，無救拔時；於是大願莊嚴，誓處生死，不住涅槃，入大苦海，泛大慈舟，或以財施，或以法濟，六度四攝，方便引拔，令彼皆得到於彼岸；當知一切，皆無畏施。又諸佛如來，以妙慧眼，觀諸有情，或根下劣，或性不定，於佛聖教難信難入，於大菩提欲退欲轉，爲欲令彼生淨信故，無退屈故，勇猛勤修無怯畏故；於諸法藏方便引攝，或深說淺，或淺說深，於少善根說大果利，歡喜讚嘆踴躍勸修。如說一切有情皆有佛性，如說聲聞盡當成佛，如說十逆惡人但能十念阿彌陀佛皆得往生嚴淨國土，如是等類亦無畏施。

已說財法無畏施差別相，菩薩惠施平等諸相次當說。

云何平等施？謂諸菩薩，於諸有情，不分親疏，不別恩怨，亦不分別賢愚善惡尊貴下賤，意樂平等而行惠施。非如凡夫，於親能施，非於疏者；於恩能施，非於怨者；乃至於其賢善尊貴能施，非愚惡下賤者。由諸菩薩大誓莊嚴，攝受一切有情以爲自體，等視衆生無差別相，但能於彼隨緣隨力能爲利益離罪過者，卽盡力能一切惠施。復次，菩薩惠施由四無量淨勝意樂而惠施故，其施無量，其心平等。謂於親愛，由捨意樂而行惠施，雖親愛彼無染著故，不以姑息成過失故。於有怨者，以慈意樂而行惠施，不念舊惡，常思利樂，釋嫌恨故，於諸有苦，或爲煩惱所惱諸愚惡人，或爲業果所苦諸貧賤人，以悲意樂而行惠施，爲拔彼苦出不善處安住善處故。於諸有德尊貴賢善以喜意樂而行惠施，見彼勝德勝福利事，其心隨喜無嗔嫉故。人之有技若己有之，人之彥聖其心好之不啻若自其口出，平等攝受如一體故。菩薩以如是淨勝意樂，隨彼彼有情，行彼彼惠施，是故惠施平等無量。

云何難行施？謂諸菩薩若身貧困，財物尠少，飲食衣服僅足支持，見有貧窮苦惱有情，心生悲愍，乃能捨其僅有財物，持身命者，拔濟他苦惠施於他，是爲第一難行施。又諸菩薩於所愛物上妙珍貴財寶價逾連城，素所保護，爲利他故乃能割棄愛著，慨然惠捨，是爲第二難行施。又諸菩薩由自勤劬極大艱辛越險蹈危所得財物，爲利他故無所顧惜，惠施於他，是爲第三難行施。復次菩薩行施，不唯財物無所顧惜，乃至生命亦自不愛，爲利他故，乃能捨其頭目手足全身肢節血肉皮骨惠施於他，如佛世尊自言本生諸事：或作太子，捨家學道，見彼乳虎飢欲食子，心生不忍，寧可使母食其子者？不願有情行茲最極不慈惡業，於是入慈三昧，普願有情親愛攝受，出慈定已，舉身騰躍上升虛空，大誓莊嚴，普告人天，然後委身於餓虎前，恣其食噉，匄彼子命。或作輪王，見鷹逐鴿，爲全鴿命，盡割身肉。又逢濁世疾疫起時，一切民人無救無依，即以神通爲大醫王，妙藥嚴身，可療百病，遍告民人，恣來割取，食其肉者，其病立瘥；然後告以善惡業報，因果顯然，勿更作罪，自招不福。於是民人感激慈恩，悉行善道。又逢濁世饑饉起時，即以神通身作大魚，形量廣大，以自身肉普濟一切饑饉衆生，皆令飽滿，諸如是等，難以悉舉。是爲菩薩第四難行施。復次，於五濁世一切有情根器下劣，於佛正法極難悟入信解修行，或復興起誹謗惡罵，而諸菩薩大誓莊嚴，以大忍力，能忍彼惱，以妙慧辯，隨順時方軌儀，隨順根性勝解，以明白易了言詞，顯深妙義，方便開解，方便引攝，方便折伏，令捨邪見而獲正見。積霧重雲，忽然開霽，安住淨信於佛法中。又能嚴淨戒行，身爲軌範，令於佛法不生輕蔑，敬菩薩故，因敬佛法，由是信心不退，勇猛修行。當知如是於五濁世行正法施，啓誘愚盲，調伏憁愌，難信令信，難行令行，是爲菩薩第五難行施。

云何善慧施？謂諸菩薩，自性聰睿，修學智明，諸所作爲，以智爲導，於惠施時攝受功德無諸過失，是爲善慧施，如無罪相已說。復次，菩薩行財施時，善權輕重，謂如所有資財非甚廣大，而來求者其數甚多，於是菩薩審量抉擇，諸來求者有富有貧，有苦有樂，或住中庸，我此資財難盡滿足，故我今者當施貧苦無依怙者，彼有依者非所急故。或有先求或復後至，我今當施彼先求者，勿因普施俱不周濟，且失信故。或有親近，或有疏遠，我今當施彼親近者，既難徧濟，勿於親近失恩義故。或繫私愛，或屬公義，我今當爲公義而施，勿以細情忘大德故。或有但作現世安樂，或有當作當來利益，我今當施作利益者，勿因小樂招大苦故。如是等是爲財施善慧。菩薩修法施時，善揀根器，訓如說言：諸貪行者令觀不淨等，應病施方，終不無瘖而傷之也，是爲法施善慧。菩薩無畏善慧施者，謂能以方便出諸有險有難有情於彼險難，而俱無所傷。譬如兩軍交戰，設以威力助一攻一者，兩俱有傷，自亦受傷。設以妙辯，或妙方便，調解和合令自罷戰者，兩俱無傷，自亦無傷。又如亂世民多作惡，疑忌攻伐，爭奪不厭，設以刑威而嚴治者，兩俱有傷。設能反本自治，道之以德，齊之以禮，大信服人，大義格人，不怒而威，無爲而治者，兩俱無傷。是爲無畏施善慧。又諸菩薩，設因財法尟少，力能微薄，於三種施不得自在，俱難成辦，然由智慧力故，善識業果，深生慚愧，是我先世惡業所造，令我今者都無力能成是勝業，故我今者，當更發願，時起施心，修慈愍觀，見施隨喜，或作助伴。彼由如是慚愧力故，施心施願，慈愍隨喜故，雖無所施，而已長養無量無邊惠施種性，於當來世定能成辦種種慧施，亦能攝受種種施福，當知是亦名善慧施。

　　復次，諸佛菩薩善知諸法因緣，善達有情業報，彼由處非處智力及自業智力故，能於有情善慧惠施廣大殊勝。謂諸菩薩見諸有情飢寒窮困災害懊惱，起欲拔救，先當思量如是衆苦何因所生，何緣而起？由善思故，知彼苦者，或自因生，或隨緣起。云自因者，所謂種種業力。謂彼有情，或自性嬾惰，或自性愚癡，或自性憍奢，或自性貪欲無藝，或自性暴戾凶恨，無慚無愧，彼由煩惱，造種種業，於資生事務，不勤修作，不正修作，受用不節，受用不正，爲財利故，或時乃至爲盜爲婬，或殺或奪，妄語兩舌，詭詐活命。彼由如是種種惡業，自感貧窮饑寒困苦，或時乃至牢械枷鎖，逃竄流離。如是等等，是爲由因所生。所謂緣者，謂諸有情由外力增上故，或由前生業增上故，遭逢天災，遭逢人禍。水旱風雹，毒蟲飛蝗，大浸大火，疾疫流行等，是爲天災。云人禍者，風俗不良，政治不修，教育不昌，邪說爭鳴，社會紊亂，人心敗壞，爭奪相尋，盜賊蠭起，內亂不輯，外侮頻乘，强陵弱，衆暴寡，智欺愚，勇苦怯，由是因緣，民不聊生，逃亡轉徙，父母凍餓，兄弟妻子離散，或歿於水火，或喪於兵戈，無怙無依，無恤無救，諸如是等，是爲緣。復次一切業因多隨緣起，所謂富歲子弟多賴，凶歲子弟多暴，苟無恆產，因無恆心，故當亂世，人競作惡，風俗社會能影響人心故。又一切緣力，皆從業因生。謂彼社會風俗政治學說所由壞亂者，仍由餘有情類煩惱惡業之所作故。設非餘有情類由煩惱力造作惡業者，社會風俗無自然敗壞理。次復更思，由餘業故能敗壞社會風俗，由社會風俗緣故能令自造惡，如是自造惡業已當知復能增長敗壞風俗社會。風俗社會愈敗壞故，復能令餘有情多造惡業。如是展轉更互無端。當知有情所受衆苦實諸有情自所造業，互作增上耳。是故一切苦，皆由業所作。

菩薩如是觀苦因緣諸業增上已，次復思惟，拔苦方便。謂我今者，悲有情故，將作大施，拔彼衆苦，設我但能拔彼果者，苦因在故，苦果復起無有窮時，設能拔彼因者，彼苦自滅。如是苦因，或由自業所作，故我今者，當拔彼因，令不更造諸業，或由外緣增上，故我今者當拔彼緣，令不更受外諸不幸。既諸有情由惡業故更互增長惡業轉增，轉受大苦，故我今者亦當以自善業力於諸有情殊勝增上，令習諸善。由習善故，善業轉增，轉獲大福。謂由自習善故，亦令他習善，作善者多，便能轉移革新風俗社會政治學說。風俗社會等既轉移故，復能轉移人心。人心既獲轉移故，更無復有造惡業者。由無復有造惡業者故，便無復有受苦者矣。復自思惟，財施法施孰大孰勝？彼財施者，但能暫救彼苦令得安樂，不能拔彼因令兼得利益。法施異彼，能拔彼因，亦得利益。又財施者，但能由他力令自得存濟，彼法施者能令有情自造善業，自得存濟。又財施者，施者之力有限，待施之數無窮。又復不能以一資財，令多受用。故諸財施之力有盡。法施異此，能以一善法兼濟無量有情。故一切施，唯有法施最勝廣大。故我今者，當以戒定智慧莊嚴身心，於諸有情作大法施，爲大施主，拔衆苦根本，令諸有情以自業力自得存濟。譬如世間有大長者財力雄富，子女衆多。出愛子故，以其資財恣彼受用，了無約束，不加教誡。諸子驕養，素習豪奢，由是因緣，不勤正業，更不了知稼穡艱難。或時酗酒，或時縱博，與人諍訟，惡詈鬥爭，造作諸惡，惡聲流布。家用漸乏，不給所須，長者不知更增土田佃價銀錢債息以供子用。鄰里怨嗟，如弗聞知。時値歲荒，餓莩載道，盜賊蠭起。知是長者家業素豐，又不作善。於是聚衆，共往刼掠。長者諸子，爲護財故，持刃格鬥。力既不敵，負傷逃竄。家資器用奴婢給使，虜掠一空。復因官事，枷械罰贖。事平歸家，相向而泣，室如懸罄，無以爲生。况諸子者，素無職業，手足惰廢，不能操作。倚債而食，鬻田而衣。

由是饑寒交逼不知所終。長者是時，心大悲痛。如何大家，遂成凍餒？深思推究，了此業因。乃召諸子，鄭重告言：爾等靜聽，吾當語女。禍福無門，唯人自造。昔養爾等，但知憐愛，了無教誡，陷爾等過。酗酒暴亂，刻薄成家，不知仁義，不識禮法，出入無度，人無常業，家用是衰，禍由此起。爾等作惡，致令受苦，皆吾過也。今欲轉危爲安，不致坐以待斃，唯有反昔所爲，更造善業。斯日雖極艱窘，美田善地鬻賣已盡，然南山荒土，猶足開墾，西鄙舊宅亦貨千金。今當以此爲資，各謀生理。爾等諸子欲作農務，隨我開荒。欲作工商，送爾入市，平分千金，各與一百。自今以往，戒酒戒鬥，戒惰戒奢。唯善是勤，諸惡永棄。各事爾業；各養妻子，饑飽寒暄無復以我爲望。於是整躬率物，自作軌範，鷄鳴而起，夜深而息，操作營務，勤劬不懈。諸子見已，各自訟言：我父已老，尙勞如此。況在我等，可事怠荒？復念父老，何可過勞？孝養之事，責在人子。咸請於父，安居無爲，出令而已。於是唯言是聽，令出唯行。家政嚴明，秩然有序。孝友恭恪，節儉勤勞，一異往昔。正業所得，既足所需。復以餘力，作諸慈濟，惠施貧窮；和人諍訟。十年以往，家業復昌。善修於家，鄰里稱譽。和睦平康，永無禍害。長者既逝，子孫繼承，世世不絕。一切菩薩，亦復如是。見有情苦，惡業自招。由是勤修善業，以身作範。以其正法，格化有緣。設在一家，齊其子女。設在鄉里，化其鄰人。社會尊崇，遠方信仰，咸興於善，自求多福。設若雄才大智，福德超羣，爲衆中尊，有大權位。更能修身正心，任賢使能。平其政刑，昌其教化。崇農務本，通商惠工，禁暴戢兵，柔遠既邇。百姓昭明，燮和萬邦。天下太平，共享福利。如是菩薩雖於有情不曾以財親手惠施，亦不以身代受衆苦，而實功德無迹無形，彼惠施者無量無邊。孔子曰：『大哉堯之爲君也！巍巍乎唯天爲大，唯堯則之，蕩蕩乎民無能名焉！巍巍乎其有成功也！煥乎其有文章！』是知有形之施有量，無形之德靡涯。子產以其乘輿濟人於溱洧，惠而不知爲政。梁惠王移民移粟，而民不加多。孟子曰：『王者之民皡皡如也，殺之而不怨，利之而不庸，民日遷善而不知爲之者。』故曰：『日出而作，日入而息，鑿井而飲，耕田而食，帝力於我何有哉？』如是是爲菩薩廣大善慧施。

復有一種最極究竟善慧施。謂佛菩薩，觀察有情雖以善業感勝異熟，得人天身，肢分圓滿，據大財位，有大眷屬，親愛和合，富樂莊嚴，無有一切飢寒困苦疾疫災橫，如前所說。然由三界繫故，不斷結故，有爲有漏，無常無恆，不可信保，仍爲生老病死憂悲苦惱之所隨逐，不畢衆苦。菩薩見已，生大哀愍。欲爲衆生拔苦根本，作是思惟：我若但以世間善道攝化施濟諸有情者，非爲究竟。我若以餘出世聖道漏盡智力攝化施濟於有情者，當令有情拔除煩惱，離欲解脫，於無餘依涅槃界中而般涅槃。所有世間生老病死一切苦惱，皆得除滅。況乃更受飢寒等苦？菩薩如是思已：即以所餘妙善智力，所謂靜慮解脫等持等至智力根勝劣智力等，隨諸有情聚根勝解界行差別而施濟彼別別善道，淨行淨惑，盡諸有漏，令於自乘各得解脫。如佛世尊身爲太子，遊觀四門，感生老死，捨世榮華，辭家習道，雪山林中，苦行六年，菩提樹下，成正等覺。諸天勸請，說法度生，四十餘年，拔濟無量。娑婆林中，方示寂滅，法流千禩，廣被人天，迄於今日，猶沾其化。如是功德無窮無盡，諸惠施中竟究第一。諸餘施德，較此施德，當知百千萬億分，算分數分喩分，乃至烏波尼殺曇分亦不及一。所以者何？無漏界中永畢衆苦，已到彼岸，更不勞餘作惠施故。是故轉輪聖王七寶莊嚴王四天下，令行禁止，萬國咸賓，菩薩棄之，如棄敝屣。以彼爲欲成就如是最極究竟大惠施故。如是說善慧施竟。

云何惠施淸淨相？菩薩地中別說十種：一不留滯，二不執取，三不積聚，四不高舉，五無所依，六不退弱，七不下劣，八不向背，九不望報恩，十不希異熟。隨求輒與，不作留難，是爲不留滯。不以妄見執取於施，如云惠施無果，或謂殺害而施爲是正法，或執唯施極淨圓滿等，是爲不執取。於自財法隨得隨捨，是爲不積聚。謙恭惠施，不生憍慢，是爲不高舉。不爲世間稱譽聲頌而行惠施，是爲無所依。施前意悅，施時心淨，施已無悔，聞諸菩薩廣大第一最勝難行等施，不自輕懱恐怖退屈，是爲不退弱。以其上妙最勝珍貴飲食衣乘肥馬輕裘惠施於他，而無所恨，名不下劣。怨親中庸，慈悲喜捨平等而施，無有朋黨，名不向背。但慈愍他，望他得樂而行惠施，非爲自利反求他報，名不望報，觀一切行無常苦空，觀世間樂殊勝異熟財寶圓滿自身圓滿如夢如幻如芭蕉心如水浮泡，都無希求，但爲菩提最勝功德而行惠施，是爲不希異熟。諸大菩薩以如是等行惠施者，當知惠施淸淨。所以者何？以彼惠施無雜染故，無所爲故，無執著故。純直一心，慈悲喜捨，於諸有情平等攝受，視如自身而惠施故。是爲惠施淸淨相。諸異此者雖有所施，然由施心不淨，以雜染俱心希求世間利養名聞，或爲後時上妙異熟，爲自利故而行於施，當知彼施，如商賈人以自財物求他贏利，是爲市易，不名惠施也。如是由彼施心先不淨故，當知施已復多過失。謂彼施已，自恃能施，生憍慢故。或不得報，生悔惱故。矜倨憂傷煩惱相續。彼由施時施已俱不淨故，當知彼果亦不淸淨，尙不能得人天上妙殊勝異熟，況能攝受當來無上大菩提果？彼不淨施，不名大士施也。

云何惠施勝義相？勝者所緣，無相寂靜，眞如法界，名爲勝義。由於勝義而行惠施，不住於相名勝義施。謂如大智經云：『諸菩薩摩訶薩，應以無捨而爲方便圓滿布施波羅蜜多。施者受者及所施物，不可得故。』又如能斷金剛般若經云：『妙生菩薩不住於事應行布施，不住隨處應行布施，不住色聲香味觸法而行布施。妙生，菩薩如是布施，乃至相想，亦不應住。何以故？由不住施，福聚難量。』乃至云『妙生，是故菩薩不應取法，不應取非法。』如是勝義大智經中，處處宣說。以諸菩薩由大悲故，攝受有情以爲自體，悲衆生故，常行惠施。由般若故，遠離一切諸相分別，於施等相，都無所得。雖無所得，而行惠施。雖行惠施，不住於相。如是微妙甚深無住惠施，名勝義施。是大菩薩已入地者，及諸如來所行。諸餘世間及諸凡夫菩薩所行惠施，未證如故，未離相故，所有功德，方此功德，所謂百千萬億乃至烏波尼殺曇分亦不及一，如經廣說。

云何惠施威力相？瑜伽菩薩地威力品中作如是言：『云何法威力？謂布施威力，乃至般若威力。此布施等諸法威力，應知一一略有四相。一者斷所對治相，二者資糧成熟相，三者饒益自他相，四者與當來果相。布施四相者，謂諸菩薩修行惠施，能斷慳吝，施所對治，是名第一。卽此惠施，能作自己菩提資糧，亦卽能作布施攝事，成熟有情，是名第二。施先意悅，施時心淨，施已無悔，於三時中心常歡喜，以自饒益；亦能除他飢渴寒熱種種疾病所欲匱乏怖畏衆苦以饒益他；是名第三。於當來世在在生處，恆常富樂，得大祿位，得大財寶，得大朋黨，得大眷屬，是名第四。是名布施威力四相，此外無有若過若增。』當知此惠施威力是卽施果勝利由如是施，得如是果。諸大菩薩施心清淨，雖都無求不望果報，而由惠施自體自有如是廣大威力，故自然攝受如是廣大殊勝妙果。誰有智者，而不愛樂尊重如是惠施而行施者？復次勝解行地從初發心乃至未入見道位菩薩所行惠施，彼法威力當知有限，有量有上，於大菩提遠作資糧，於諸有情未深成熟，自他饒益亦未廣大，但能伏慳纏，不能斷彼種。然於增上異熟，自能攝受。已證法界勝義相者，所行惠施，彼法威力廣大殊勝，入地以往輾轉增盛，於大菩提近作資糧，能深成熟廣大饒益一切有情，正能對治彼慳纏種；雖已永不希求世間異熟，然由增上力故，自能感得彼最勝果。至成佛已，習氣已盡，不復更斷，菩提已成，不復更得，異熟已盡，不復更受，當知彼施但以成熟饒益一切有情，令諸有情皆能成就如是惠施廣大威力，以爲其果。彼法威力，第一究竟，窮未來際，永不斷絕。如是已說惠施波羅蜜多竟。

淨戒

已說惠施，次說淨戒。淨戒自性，已如出世間學中說。茲說大士戒別相。何謂大士戒？何者因緣？何等品類？云何持犯？云何殊勝？何者難行？云何善慧？云何淸淨？云何勝義？何者威力？

所謂大士戒者，菩薩摩訶薩所受持戒，故名大士戒。由異聲聞七衆，但求自利免諸罪過速趨涅槃，而以自他普度同成菩提故而受持戒，故名大士戒。

大士戒因緣者，志求無上正等菩提，是爲其因。悲愍一切有情，是爲其緣緣有情苦，故起大悲。起大悲故，發起無上菩提大願，成就一切智，度濟一切。由是大願以爲因故，從他正受大士戒行，善淨意樂，犯已還淨，深敬專念，無有違犯。由是慚愧深重殷勤防護所受尸羅離諸惡作，戒行圓滿，由斯便能攝心靜慮成就菩提。菩提成故便能普濟一切有情。是故大士淨戒，菩提大願以爲其因，悲愍有情以爲其緣，捨是因緣無大士戒。

大士戒品類者，大論菩薩地云：『云何菩薩一切戒？謂菩薩戒略有二種：一在家分戒，二出家分戒，是名一切戒。又卽依此在家出家二分淨戒，略說三種，一律儀戒，二攝善法戒，三饒益有情戒。』是爲大士戒品類。依菩薩地，略述如次：

律儀戒者，謂卽苾芻苾芻尼，正學，勤策男，勤策女，近事男，近事女所有種種別解律儀。一切在家出家菩薩，於是律儀與諸聲聞等應修學。由此律儀，戒遠離一切性罪遮罪，由是方能自無罪過。由無罪過，方能進修一切善法，饒益有情。故律儀戒，爲諸戒根本，於此虧損，便卽不能進修餘戒。由是菩薩堅固殷重安住律儀，善護律儀，爲護律儀故，不顧戀過去諸欲，不希求未來諸欲，亦不耽著現在諸欲，又樂遠離，不生喜足，又能掃滌不正言論諸惡尋思，又能於己不自輕懱，又性柔和，又能堪忍，又不放逸，又能具足軌則淨命。

所謂菩薩爲護律儀不顧戀過去諸欲者，謂彼爲持護律儀故，於諸世間財產妻孥國邑王都，乃至轉輪王位，均能棄捨，如棄草穢，無有顧戀，而出家故，在家菩薩雖不棄捨，如是一切，而不貪著，隨意布施，無慳惜故。

所謂不希求未來諸欲者，菩薩持戒不爲希求未來世中若天若魔所有妙欲，諸果異熟而修梵行，但爲成就無上菩提護律儀故。

所謂不躭著現在諸欲者，謂菩薩持戒，於諸世間所有種種利養恭敬，正慧審觀，視如變吐，曾無味著故。

所謂常樂遠離不生喜足者，謂菩薩已善防護尸羅律儀，而不於此律儀心生喜足，更能勤修無量靜慮等持，於一切時心樂遠離寂靜而住故。

所謂掃滌不正言論諸惡尋思者，謂諸菩薩雖處雜衆，終不隨他談說嬉戲不正言論。若居遠離，不起少分諸惡尋思。或時失念暫爾現行，尋便愧悔，深見其過。由斯速急安住正念，於彼戲論諸惡尋思拘檢除遣令不現起，由斯能令語行寂靜，心行淸白。

所謂於己不自輕懱者，謂諸菩薩於諸菩薩一切學處及聞已入大地菩薩廣大無量不可思議長時最極難行學處，心無驚懼，亦不怯劣。唯作是念，彼旣是人，漸能修學於諸菩薩一切學處淨身語等諸律儀戒成就圓滿；我亦是人，漸次修學，決定無疑當得如彼一切律儀成就圓滿。

言性柔和者，謂諸菩薩住律儀戒，常察己過，不伺他非。普於一切凶暴犯戒諸有情所，無損害心，無嗔恚心。由大悲心，見彼罪過，現前發起憐愍饒益。

言能堪忍者，謂諸菩薩住律儀戒，雖遭遇他打罵傷害，終不於他生反報心，恚恨惡言，欲行加害；唯住悲心，憫彼罪過。

言不放逸者，諸菩薩住律儀戒，具足成就，五支所攝不放逸行所謂前際後際中際俱行不放逸行，先時所作不放逸行，俱時隨行不放逸行，謂於過去已所違犯如法悔除，是名前際俱行不放逸行。若於未來當所違犯，如法悔除，是名後際俱行不放逸行若於現在正所違犯如法悔除，是名中際俱行不放逸行若諸菩薩先於後時當所違犯發起猛利自誓樂欲，謂我定當如如所應行，如如所應住，如是如是行，如是如是住，令無所犯，是名菩薩先時所作不放逸行。卽以如是先時所作不放逸行爲所依止，如如所應行，如如所應住，如是如是行，如是如是住，不起毀犯，是名菩薩俱時隨行不放逸行。

言能具足軌則淨命者，謂諸菩薩住律儀戒，覆藏自善，發露已惡，少欲喜足，堪忍衆苦，性無憂慽，不悼不躁，威儀寂靜，離矯詐等一切能起邪命之法。

菩薩成就如是十支，名住律儀戒，善護律儀戒，較諸聲聞護律儀戒，更倍精勤，更倍懇懇。所以者何？聲聞住戒但求自利，菩薩安住律儀爲一切故於人於天，徧作軌範，爲衆師表，令他學習，皆出不善，安住善處故。是律儀戒，與諸聲聞開禁異處，自後當說。

攝善法戒者，諸白淨法能感世出世間福德智慧諸妙善果，名爲善法攝謂攝受攝持，勤行彼道令屬於己，皆自成辦，名攝善法。於彼懈怠而不勤修，虛度時日，一無成就，此則菩薩所當嚴禁者。如是禁戒，名攝善法戒，戒其懈怠，攝受勤修攝善法卽戒名攝善法戒也。聲聞自度，但求解脫，惡法既遣，諸罪皆離，自爾心意寂靜，易得涅槃，故聲聞戒專重律儀。菩薩大願，爲求菩提，福德智慧資糧積集無量無邊，然後乃能堪證大果，故律儀戒既禁諸惡，攝善法戒更行多善，善法愈增，成辦圓滿，乃於無上菩提得相應也。此攝善法戒無量無邊，約略言之：謂如親近善友，敬事尊長，聽聞正法，如理作意，諦審思惟，獨處空閒，勤修止觀，瞻視疾病，悲愍供給，於諸妙說施以善哉，於實功德眞誠讚美，有情福業淨信隨喜，於他違犯思擇安忍，於自善根迴向菩提，時時發起種種正願，以妙供養供佛法僧，於諸善品常勤修習，於身語意住不放逸，於諸學處正念正知，正行防守，密護根門，於食知量，初夜後夜常修覺悟，於自愆犯深見過失，其未犯者專意護持，其已犯者於佛菩薩同法者所至心發露，如法悔除，如是等類，所有一切為大菩提，由身語意積集修習引攝護持一切善法，是為菩薩攝善法戒。又諸菩薩已能安住攝善法戒者，於自身命財物不生顧戀，好行布施。又於一切犯戒因緣本隨煩惱皆能禁制，於他怨害安住忍辱，常起精勤，離諸懈惰，於諸等至，修而不著。又於五處如實了知：謂如實知善果勝利，又能如實了知善因，知善因果倒與無倒，又如實知攝善法障。由於善果見勝利故，尋求善因。為攝善故，如實了知倒與無倒，由是菩薩獲得善果。不於無常苦及不淨無我等中妄見為常為樂為淨，及執為我，如實了知攝善法障，為攝善故，速急遠離。菩薩由此十種相故，名住攝善法戒，速能攝善一切種相，謂施漸次，戒漸次，忍漸次，精進漸次，靜慮漸次，及五種慧。知果，知因，知倒，知無倒，知攝善法障，是名五種慧。謂諸菩薩先當了知世出世間所有善法果。次當了知，彼善果因。次當了知一切世間，皆無常苦，不淨無我，不生貪著，故知無倒。設於彼起常樂我淨，便能正知此是顛倒。更知此倒為攝善法障，所以者何？由顛倒故，生起貪著。起貪著故，雖行善法，不得出離況乃有時攝受惡不善法耶？故此顛倒，即是攝善法障，又大富善趣，眷屬雲，從大勢有力，身心寂靜，智慮明睿，是爲世間善果，施戒忍勤禪定智慧，如其所應，是爲彼果善因。於彼善果生常等想，於行施等著於有相，是爲顛倒。知無常等，雖行施等而不取相，是無顛倒。慳爲施障，犯爲戒障，嗔恚爲忍障，懈惰爲精進障，散亂爲靜慮障，邪見愚癡爲智慧障。由是等障，不行施戒等，不行施戒等故，復障大富善趣等。如是一切，是爲攝善法障。如是五種正知，名五種慧。知果，知因，離於顛倒，住不顛倒，斷除諸障，由是便能攝受善法。故五種慧，名攝法戒。

饒益有情戒者，菩薩攝受一切有情以爲自體，慈悲深厚，現前饒益，然後乃能成就無上正等菩提，故饒益有情，即是菩薩正所應行，分所應行，即是菩薩所持戒行，饒益有情即戒，名饒益有情戒也。安住是戒而見諸有情有苦不救，無樂不與，當行種種饒益而不施以饒益，是則名爲犯菩薩戒，所以者何？由彼虧損悲心慈心而不成就菩薩功德行故，即亦不能成就無上菩提。故律儀攝善而外，更立此戒。諸聲聞等但求自利，慈悲薄弱，本不求度一切有情，故彼但能自守律儀勤修定慧，則雖見他墮苦而不往救，見他作善不作助伴，亦無有罪，亦不犯戒。菩薩不然，雖住律儀，雖修定慧，然爲救他故，有時寧虧律儀，寧捨禪定，而乃權行利物，受欲度生。是故少欲知足，不握金錢，不蓄財物，於聲聞戒爲上爲妙，於菩薩戒則非上妙。設捨於攝受有情，少欲喜足，應求財物而不乞求，應作大施而不施濟，此於菩薩乃爲犯戒。七支性罪，聲聞嚴禁，少有違犯便爲他勝，菩薩利生，由慈悲故，犯而不犯。如是等類，皆與聲聞不同。所以者何？彼除律儀無戒，此於律儀攝善戒外更有饒益有情戒故。兩戒重輕，依權取捨，少利有情重犯律儀者，當守律儀，大利有情少損律儀者，則寧利有情也。以諸菩薩非求自利，故度他即是自度故。

此饒益有情戒略有十一種相：一於諸有情諸義利事常作助伴，於疾病者常往瞻侍，亦作助伴。二爲利有情，善說法要。三於有恩者，現前酬報。四於有難者，常行拔救。五於有憂者常釋愁憂，六於貧乏者，施諸資具，七作衆依止，如法馭衆，八宏量謙沖，隨他心轉，九顯示實德令勤修學。十於有過者，調伏治罰。十一，以神通力方便引攝，令入聖教，勤修正行。

於諸有情常作助伴者，謂於有情諸事業中，皆爲助伴。若於思量所作事業，代共籌謀。若於功用所作事業，代助勞力。和合乖離，集會修福，一切無倒事業加行，皆爲助伴。又於困苦亦作助伴。遭疾疫者，瞻視供給。盲者啓導。聾者搖義手代言者曉以想像。迷方路者示以隅途。肢不具者，惠以荷乘。其愚騃者，誨以勝慧。爲貪欲纏，瞋恚纏，惛沈睡眠，掉舉惡作，疑纏所苦有情，開解令離諸纏苦楚。欲恚害等諸惡尋思所苦有情，開解令離欲恚等苦。行路疲乏所苦有情，施座施處，調身按摩，令其止息勞倦等苦。如是一切，是爲菩薩於諸有情常作助伴。

爲利有情善說法要者，謂於樂行惡者，爲欲令彼斷惡行故，以應順語，以善巧語，啓彼善心，示惡過患，令彼自不甘作諸惡，亦不敢作。如於樂行惡者，如是於行慳行者，爲斷彼慳，善巧說法，亦復如是。於現法中求財寶者，爲欲令彼正少功力多集財寶，守護無失故；於佛聖教懷憎恚者，爲欲令彼得清淨信，證清淨見，超諸惡趣，盡一切結越一切苦故；宣說法要，亦復如是。

於諸有恩現前酬報者，謂諸菩薩，於有恩者善知恩惠，善能酬報，暫見申敬，讚言善來，怡顏歡慰，吐誠談謔，祥處設座，若等若增財利供養現前酬答。於彼事業雖不請求，尚應伴助，況乎有命？如於事業，如是於苦，於如理說，於方便說，於濟怖畏，於衰惱處開解愁憂，於惠資具，於與依止，於隨心轉，於顯實德令深歡悅，於懷親愛方便調伏，於現神通驚恐引攝，如應廣說，當知亦爾。

於諸有難常行拔救者，謂於遭遇怖畏險難有情，若禽獸難，若水火難，王難，賊難，家主，宰官，不活，惡名，大眾威德，非人，起屍，魍魎等難，皆能救護，施與無畏，令得安隱。

於有憂苦善釋愁憂者，諸遭怖畏可濟拔者，名爲有難。無可拔救，一切愁苦，名爲有憂。於此憂苦開釋解慰，令離一切無利愁憂，名爲善釋愁憂。謂如宗親眷屬衰損喪亡，所起愁憂，或依財寶喪失所起愁憂，王賊侵奪，火燒水溺，矯詐誑誘，非理橫取，諸如是等無如何事能以無常之理業果之義善爲曉喻，達觀寬懷，令釋愁憂，是爲善釋愁憂。

於有貧乏施諸資具者，謂諸菩薩備資生具隨諸貧乏之求卽施與，求食與食，求衣與衣，居室貨財光明燈燭一切施與都無慳惜。

作衆依止如法馭衆者，謂諸菩薩，以無染心攝受徒黨，以憐愍心現作饒益，施給如法衣服飲食居室臥具病緣醫藥資身什物若自不足，從諸淨信長者居士求索與之。於已以法所護什物，與衆共同，自無隱費。於時時間，更以隨順八種教授而正教授，五種敎誡而正敎誡。令彼徒衆身得存養，心得調伏，和合無乖，修行正道，如是名爲作衆依止如法馭衆。此中所謂八種教授者，謂諸菩薩教授徒衆先當審諦尋思其心，如實了知。了知心已，次當尋思其根。了知根已尋思意樂，知意樂已，尋思隨眠。知隨眠已，如其所應隨其所宜示現種種所趣入門令其趣入。謂或修不淨，或復修慈，或修種種緣性緣起，或修界差別，或修阿那波那念。如是示現諸趣入門，令趣入已，爲說能治常邊邪執處中之行，爲說能治斷邊邪執處中之行。令入正行。入正行已，復令除捨未作謂作，未得謂得未觸謂觸，未證謂證諸增上慢。是爲菩薩八種教授。此八教授，三處所攝：一未住心者爲令住故令於所緣無倒係念二心已住者爲令獲得自義利故爲其宣說正方便道，三於自所作未究竟者令捨中間所有留難。此中審知彼心及根意樂隨眠如其所應示趣入門令其趣入，此五是名未住心者爲令住故，令於所緣無倒係念。宣說能治斷常二邊處中之行，是爲心已住者令獲義利宣說正道。令捨未作謂作諸增上慢，是名所作未究竟者令捨中間所有留難。五種教誡者，一遮止有罪現行，二開許無罪現行三於所遮止開許法中暫行犯者如法諫誨，四若於彼法數數輕慢而毀犯者以無染濁無有變異親善意樂如法呵擯與作憶念，五於正法中能正行者慈愛稱歎眞實功德令其歡喜。如是遮止，開許，諫誨呵擯，慶慰五者，是爲菩薩五種教誡依止八種教授，五種教誡故，菩薩善能調馭一切徒衆，令離諸惡，獲大義利。

所謂宏量謙沖隨他心轉者，菩薩處衆大度恢宏，不執己見，恆順他心。順他心者，善不必自我立，名不必自我成，彰人之德，容人之過。夫如是者，於羣衆中和合他心，無乖無諍，用能成人之美，取人爲善。取人爲善者，人亦樂與爲善。譬如江海之下百川，而天下之水皆歸之。孟子曰：大舜有大焉，善與人同，樂取於人以爲善，自耕稼以至爲帝，無非取人以爲善者。夫如是，故能盛德化物，人皆興仁，雲赴風從，共弼治道。聖人所以能成就有情者，以其能隨順有情，無我無私，無見無執，允恭克讓，大度包容也。無我乃能成人，容物方能濟物。焉有憍慢固執，余智自雄，吾無樂於爲君，唯其言而莫予違也，之可以有濟於世者哉？故菩薩度生，隨他心轉。順人之情而不逆人之性，人之所好好之，人之所惡惡之，此之謂民之父母。是之謂隨他心轉。普賢行願所謂恆順衆生者，是也。然隨他心轉者，非謂一切無所抉擇，皆隨他轉。設他心志意樂不合正法，隨彼轉者，助彼爲惡。如是菩薩卽不隨轉，如法諫誨；有時違逆彼心，令生憂苦，但求於彼於衆有益，亦所弗惜也。否則一切隨轉，豈不成鄉愿哉？然唯平居善隨他心者，人乃親之。人既親之，然後敎誡諫誨，方能易入，以其和平忠厚之德固結人心者深，則雖愷切言之，嚴訶責之，人弗以爲忤也。設平居憍蹇，素乏和親，一旦諫阻，則弗以爲德，反以爲怨也。君子仁以爲本，義以行之，菩薩之恆順他心，亦如是耳。

所謂顯示實德令喜勤修者，謂諸菩薩性好讚揚眞實功德，令他歡喜。由歡喜故，愛樂勤修，精勤不懈。於信功德具足者前，讚揚信德，令其歡喜。於戒功德具足者前，讚揚戒德，令其歡喜。如是多聞，惠施，智慧功德具足者前，讚揚令喜，亦復如是。讚人功德者，不但可以鼓舞他人，覺爲德之不孤，而愈努力於爲善，亦可以興起餘人，令知效法，自亦增長隨喜功德，無忌無私，而大量恢宏焉。時衰世亂，人性澆漓，故忌人之德而弗稱，幸人有罪而廣傳之，阻人爲善，激人爲非，忠厚之心盡亡，故世亂弗可救藥也。龐士元居亂世，稱人之德每過其量，言人之過每不及量，君子賢之。是亦大舜隱惡揚善之旨也。學菩薩者，寧有不以醇厚宅心者哉？

所謂於諸有過調伏治罰者，菩薩爲性，慈愍濟生，故於有過，倍起悲願，悲愍彼者，要令其解脫罪過，是以教喻之不足，繼以呵責，呵責猶不改，故加之驅擯。教喻呵責，令自改過而遷善也。驅擯者，將無永絕其爲善之心歟？曰：過犯重者，非驅擯無以服衆心。抑姑息弗忍，將恐流毒羣衆，爲敗羣之馬也，故驅擯之。輕者暫時驅擯，使其知悔，徐復收容。重者永遠驅擯，亦可以使無於佛法多作罪過也。舜流共工於幽州，放驩兜於崇山，竄三苗於三危，殛鯀於羽山，大公無私，悲濟天下故也。故曰唯仁人放流之，迸諸四夷，不與同中國。此謂唯仁人能愛人能惡人。愛惡不出於貪嗔，勸懲皆由於悲愍，菩薩調伏治罰有情之道也。

所謂神通方便引攝有情者，此謂諸大菩薩得自在者，具足神通，徧能示現五趣境界變化心境及知他心宿命等事。如是於諸邪見有情，誹撥因果，毀謗聖教，作諸惡者；爲彼示現三惡趣果刀山劍樹烊銅熱鐵，諸多苦具，令彼現見如是業果，令知怖畏，捨彼邪見，修習正業，亦於佛法，引攝令信。亦於戒禁，令習令住。或於驕慢謟曲有情，示以執金剛神正顏威肅，令彼卽時捨彼驕慢及謟曲心。或復以他心智發他隱密，令彼至誠發露懺悔諸罪過事，由斯轉趣正道，皈敬三寶，習行善法。如是等類，應恐怖者而恐怖之，應引攝者而引攝之。或時現諸神通變化，或一爲多，或多爲一，或以其身穿過石壁山岩等障往還無礙，乃至梵世身自在轉現無量種神變差別，令諸有情見者聞者踊躍歡喜讚嘆菩薩眞實威德。如是未信者信未入者入，皆於聖敎殷勤修學。未具戒者，方便安處戒具足中。諸少聞者，方便安處聞具足中。於佛聖敎，引攝令入，如是等類，是爲神通引攝。如是十一種相，是爲菩薩饒益有情戒。

如是三種戒藏，亦名無量大功德藏。菩薩由住律儀戒，善護律儀戒，故身語意業清淨鮮白，見諸菩薩是極淨者。由住攝善法戒，善護攝善法戒，故善能成熟一切善法功德，見諸菩薩是大智者。由住饒益有情戒，善護饒益有情戒，故善能成熟一切有情，見諸菩薩是大悲者。由是菩薩具如是等三聚正戒，故能成就無上菩提。故諸菩薩戒雖無量，總不越此三聚戒中。如是已說大士淨戒種類。

大士淨戒持犯相者，一者受，二者持，三者犯，四者捨。

所云受者，受有三種：一者值佛出世，佛前正受；二佛滅度已，從諸安住菩薩戒者具足功德先業菩薩所，慇懃勤求而得正受。三者若諸菩薩欲受菩薩淨戒，而不會遇具足功德先業菩薩，爾時應對如來像前自受菩薩淨戒律儀。如是受戒羯磨，如大論中廣說。如是三種受戒，皆要最先發起無上正等覺心，而後乃堪受菩薩戒。設未發心，如樹無根，雖勤灌溉，樹不生也。如是發心，當云何發？云何能發？發菩提心者，最初誓願發如是心，說如是言：願我決定當證無上正等菩提，能作有情一切義利，畢竟安住究竟涅槃，及以如來廣大智中。如是發心，決定希求以爲行相。無上菩提有情利義以爲所緣。徧能攝受一切善根，增長一切廣大功德。於餘希求世出世間義利正願，殊勝無上。如於最初發此願已，自後時時應常常發。是爲菩薩發菩提心。云何方能發此心者，如大論說，菩薩發心有其四緣。四因，四力。言四緣者，謂或見佛，及見菩薩甚奇希有神變威力，深生渴仰，決定希求，由是發起大菩提心。二者由聞如來微妙正法菩薩藏教，開發心智，深生信仰，決定希求，由是發起大菩提心。三者或有觀見菩薩藏法將欲滅沒，爲欲護持菩薩藏法利有情故，發宏誓願，自欲成佛，由斯發起大菩提心。四者末刧末時，見諸衆生十隨煩惱之所惱亂，謂多愚癡，多無慚愧，多諸慳嫉，多諸憂苦，多諸粗重，多諸煩惱，多諸惡行，多諸放逸，多諸不信。見是事已，便作是念：大濁正起，極惱亂時，能發下劣解脫心者尙難可得，况能發起大菩提心？由是我當發此大心，令諸有情隨學於我。有情之苦行愈增，菩薩悲願愈切，由斯發起大菩提心。言四因者，一種性具足，二善友攝受，三於諸衆生多起悲心，四生死大苦難行苦行一切無畏。四力者，一自力，由自功力發起大心，不待他故。二者他力，善友攝受，勸勉發心而興起故。三者因力，宿習大乘，今獲見佛聞法，暫感卽發菩提心故。四者加行力，於現法中親近善友，聽聞正法，諦審思惟，長時修習種種善法，由此加行而發心故。如是四緣，四因，四力要義，如菩薩地中廣說。

復次，當末刧世發心爲難，故於發心因緣，應勤修習。云何修習？謂當時時善觀世間，及於有情修大慈愍。云何觀察世間？謂觀世間種種憂苦，種種惡行，種種煩惱，此如解脫道中已廣宣說。於此世間，種種憂惱善觀察已，諸小根人便於世間生大厭離，由生厭故，勤求解脫。由無慈悲，成小乘故。諸大菩薩，已於世間得正見者，次應修習大慈悲心。此大慈悲緣有情起。菩薩如是觀察一切有情，無始時來由煩惱惑造諸惡業，由諸惡業受大苦惱，如我所受彼亦同然，我今既於如是世間勤修解脫，如是卽當令諸有情皆得厭離，皆得解脫。以彼於我，情相等故，受相同故，復審思量，設我陷溺於水火中，而見他人安居彼岸，則我望彼勤濟度我。設彼有能而不我救，當知是爲無悲愍者，機關木人土石何異，應知不得名爲人也。如是我今既見有情皆沒生死大海，而我於彼渴仰希求不施濟度，我則何異機關木人及土石者？有情而無情，人而成非人，可恥可愧孰過於是？由是因緣，故應勇猛發大悲心，誓當度彼一切有情皆出苦海。又諸菩薩復審觀察，一切有情無始時來輪廻五趣，互爲眷屬，相養相生，相愛相護，無不展轉爲我父母兄弟子女朋友師長者。我今既於生死大海已得覺悟，誓求出離，於我親友眷屬，若父若母若兄弟子女朋友師長，乃無悲心愍心，恝然弗顧。如世逆子，居家安樂，忽來强盜，刼害身財，彼乃棄其老母，甘令陷賊，獨自縱逸，遠走飛颺，生育恩情味然罔覺，如斯逆子寧復可稱爲人者？菩薩視諸有情皆如父母，皆見於我有養育恩，是故於彼恆思利濟。一切度他皆報恩事，分所應爲。設捨此不爲，便爲背恩負義，寧有慚愧羞惡心者而能出此？是故菩薩，心如孝子。捨身命財，利濟有情，如事父母。眷念劬勞，心不遑安。見彼憂苦，切如身受。生死大海，誓作舟航。黑暗昏衢，燭之明炬，由斯悲愍，故應發起大菩提心，求一切智智，無邊功德殊勝莊嚴，恆河沙界拔濟一切。是爲菩薩發菩提心修習方便。宗喀巴師，菩提道次第論，說此方便最詳，智者應學。

如是已發菩提心者，於菩薩戒應正受學。得受學已。於菩薩戒應善了知犯不犯相，好自循持。

云何菩薩淨戒犯不犯相？謂如菩薩地中廣明戒相，重戒有四，輕戒四十有三，隨有所犯皆卽爲犯

重戒四者，一者貪求利養恭敬，自讚毀他。二者性慳財法，於諸貧苦無依怙者現

求財法不起哀憐而不施與。三者長養忿纏，於諸有情粗言惡罵乃至捶打傷害於他，內懷忿恨，他來諫謝不受不忍不捨怨結。四者謗菩薩藏法，愛樂似教，於相似法或自信解，或隨他轉。是名四種他勝處法。隨犯一種；不復堪能於現法中增長攝受菩提資糧，意樂清淨，是即名爲相似菩薩，非眞菩薩。

四十三中，大分爲二：初三十二，障於六度攝善法戒。後十一種障於四攝利有情戒。前三十二中，初七障施，次七障戒，次四障忍，次三障精進，次三障定，後八障慧。

障施七者，

一者於佛於法及菩薩僧，不修供養禮拜稱讚淨信隨念眞實功德。

二者大欲無足，於諸名利生著不捨。

三者憍慢所制，於諸尊長有德者前，嫌恨恚惱，不起承迎談論酬對。

四者憍慢所制，嫌恨恚惱，他來延請施食資具，不受其請。

五者嫌恨恚惱，他施衆寶上妙財利，違拒不受。

六者嫌恨恚惱，及懷嫉妬，他來求法而不施與。

七者於諸暴惡犯戒有情嫌恨恚惱，方便棄捨不作饒益。

障戒七者

一者別解脫戒中，佛爲將護他故，建立遮罪，制諸聲聞令不造作，普令有情未信者信，信者令增。於中菩薩應等修學。自他兼利，將護他行，增他善根故。別解脫戒中，佛爲聲聞少事少業，少希望住，建立遮罪，制諸聲聞令不造作，於中菩薩不應等學。爲利他故，從非親里長者居士能布施者，求衣求鉢，諸坐臥具，金銀財物，百千種種，隨得施與，攝益有情，都無有犯。若異於是少事少業少希望住，於利他中而不作者，是則爲犯。

二者菩薩爲利他故，於諸性罪善權方便少分現行，於菩薩戒無所違犯，生多功德。如見盜賊爲貪財故，欲殺多生，害聖賢等，造無間業。菩薩思惟，寧我殺他，自墮地獄；勿令彼業成故，受無量苦。如是以慈愍心殺他無犯。又如增上宰官上品暴惡逼惱有情，菩薩悲愍，隨力廢黜，於戒無犯。

又如刼盜奪他財物，若僧伽物，以爲己有，縱情受用，增長諸惡。菩薩悲愍，還隨己力，逼而奪之，歸諸失者，於戒無犯。

又如居家菩薩，見有母邑現無繫屬，習婬慾法；繼心菩薩，求非梵行。見已思惟，勿令心恚，多生非福。若隨彼欲，便得自在，方便誘導，令種善根。亦當令捨諸不善業。如是慈心行婬，於戒無犯，生多功德。出家菩薩，爲護僧制，一切不應行非梵行。

又如爲他解脫命難，囹圄刖劓等難，故說妄語，於戒無犯。

又如見他親近惡友，隨習惡行，爲悲愍故，說離間語，令捨惡友，於戒無犯。

又如見他非理而行，作粗惡語，猛利訶擯，令出不善，安立善處，於戒無犯。

又如見他習諸倡妓歌吟等事，菩薩爲欲拔彼有情遠重惡故，先順其情，與作綺語，隨即開導，令出重罪，如是無犯，多生功德。如是七支性罪，爲愍他故，善權現行，與諸聲聞一向不共。

三者詭詐求利，味邪命法。

四者掉動輕躁，嬉戲喧譁，望他歡笑。
五者起見立論，厭背涅槃，於諸煩惱不應斷滅。
六者於自能發不信，重言惡聲惡譽，不護不雪。
七者於他過罪應行辛楚猛利加行令得義利，護他憂惱，姑息不忍，而不現行種種處罰。

障忍四者，

一者他罵報罵，他嗔報嗔，他來打弄，報以打弄。
二者於他侵犯，或他疑我侵，不如理謝。
三者他侵犯我，後如理謝，懷恨不受。
四者於他懷忿，相續堅持，生已不捨。

障精進三者，

一者貪著供事，攝受朋黨，以愛樂心管御徒衆。

二者懶惰懈怠耽著睡眠，

三者以愛染心談說世事虛度時日。

障定三者，

一者欲心靜定憍慢嫌恨故而不請師教授禪法。

二者貪欲瞋恚昏沉睡眠，掉舉惡作疑等五蓋，隨一起時，忍受不捨，而不除遣。

三者已得定者貪味靜慮見爲功德。

障慧八者，

一者起見立論，於聲聞乘教法不應聽聞，不應受持，不應修學。

二者於菩薩藏未精習者，棄菩薩藏，專學聲聞藏法。

三者於佛教中未精未學，於諸外論精勤修學，是爲有犯。於佛教中得無動覺日

以二分學佛語，一分學外，則亦無犯。

四者越菩薩法，於異道論，（此指外道論）及諸外論，（此因明工巧醫方明等

論）研求善巧，深心寶翫愛樂味著，不如辛藥而習近之。

五者聞菩藏障甚深法義，諸佛菩薩難思神力，不生信解，憎背毀謗，是爲有犯。持戒菩薩，於佛聖敎難思議處，應自思惟，盲無慧目，自處無知，無諂曲心，而强信受。

六者以染愛心及嗔恚心，於他人前自讚毀他。（此與初重異者，彼爲貪求利養恭敬，此但不忍愛恚而生起故）

七者聞說正法議論決擇，由憍慢恨惱故，不往聽聞。

八者於說法師輕毀嗤笑，不依於義，尋伺其非。

總上三十二輕，障於六度，攝善法戒。

十一輕戒障於四攝饒益有情戒者，

一於諸有情所應作事，不爲助伴。

二於遭重病者，不往供事。

此二障於同事。

三見諸有情爲求利故廣行非理，而不爲彼宣說正理。　此障愛語。

四於有恩者，不知恩惠，如應酬報。

五見諸有情喪失財寶眷屬祿位，生大、愁惱，而不爲開解。

六自有飮食資生什物，見來求者，嫌恨恚惱，而不給施。（此與四重第二異者，彼由慳故一切不施，此由嫌恨恚惱某某人故而不行施，彼全無施，此於餘處尙能施也但於所嫌恨者而不施耳。）

七攝受徒衆而不隨時無倒敎授敎誡，知衆匱乏而不爲求資生什物。

此上四種障布施。

八懷嫌恨心，於他有情不隨心轉。

九懷嫌恨心，於他實德實譽及他妙說而不顯揚稱譽讚嘆。

十見諸有情應當訶責治罰驅擯，懷染汚心而不訶責治罰驅擯。

十一若諸菩薩具足神通，於諸有情應恐怖者而不恐怖，應引攝者而不引攝。

此上四者障於利行。

此上十一障於四攝饒益有情戒。

如是已說四十三輕。然於此中，雖並成犯，而犯有輕重，成染非染。謂若由於愛恚惱恨憍慢等諸不善心而違犯者，是染違犯。設由懶惰懈怠忘念諸有覆無記心而違犯者，非染違犯。又有雖犯而不成犯者，謂如爲斷彼犯戒心勤修加行攝彼對治雖勤遮遏，而爲猛利性惑所蔽，生起現行。又心狂亂者，不應行處而行。及病乏無力者，於當行處而無力行。是皆無犯。又有似犯而實不犯者，謂如於他有情以慈悲力，以善巧力，爲欲方便調伏，於諸輕罪應行不行，不應行者而有所行。應行不行者，如他施重寶，爲懼彼因是匱乏無依，拒而不受。他來求法，知是外道，心懷盜法，懼生彼罪而不給施等。不應行而行者，如七支性罪，爲利他故，權行不犯，生多功德。又爲摧伏外道，住持聖法，調伏有情，令生淨信等，而自讚實德，毀他過失。如是一切雖似有犯，而實無犯，生多功德。諸如是等，如菩薩戒本中，別別廣說，學者當自尋之。

復次頌曰：

菩薩淨律儀，重四輕卌三。云四重罪者，謂嫉慳嗔癡。初貪求榮利，
自讚而毀他。二慳惜財法，有求不施與。三懷忿打罵，他諫謝不忍。
四謗菩薩藏，愛樂相似法。此四他勝法，隨犯於一種，卽非眞菩薩，
況犯於一切？四十三輕者，障六度四攝。初對三寶前，不禮敬供養。
二大欲無足，著利養恭敬。三對諸耆德，不承迎酬對。四却他延請。
五却他重施。六慳法不捨。七於犯戒者，嫌恨不饒益。此七障布施。
別解脫戒中，遮罪有差別，護他制遮罪，共聲聞等學。少事等遮罪，
菩薩不共學。爲求利他故，多事業爲妙。於衣食資具，雖求百千種，
利他故應作，不作乃爲犯。於七支性罪，權行不爲犯。慈愍利他故，
生起多功德。如見賊作惡，欲害多有情，及害於賢聖，當成無間業；
悲愍心熾然，持刀斷彼命；寧自墮地獄，拔彼當來苦。又暴惡宰官，

苛政惱人民，菩薩懷利濟，廢黜彼尊位。或盜刼財物，持以縱諸欲，
愍彼無義利，逼奪還故主。母邑無繫屬，現求非梵行，觀彼有善根，
順之可成就；違彼令生恚，作惡招衆苦；愍他故權行，損己益他故。
出家護僧制，是則不應爲。所成者一人，而虧聖教故。又脫他命難，
方便說妄語。拔他離惡友，說於離間語。警他出險道，而說粗惡語。
順他情所習，安立善法中，方便說綺語。此一切無犯。菩薩重他利，
心淨故皆爲。聲聞善一身，無斯大行願。然非心誠諦，假借成重罪。
慈愍多慚愧，是乃得爲耳。第三邪命法，詭詐罔利養。四掉動不靜，
嬉戲失威儀。五起異見論，厭背於涅槃，於本隨煩惱，勿怖勿求斷。
以當三大刼，求大菩提故；此言爲非理，違背於聖敎，菩薩大涅槃，
百倍生忻樂，於本隨煩惱，百倍生厭離，爲普利一切，成大淨行故。
六於己惡稱，不護亦不雪。七罷頑有情，應辛楚治罰，護其憂惱故，

姑息不懲治。如是七輕罪，障淨戒應知。障忍有四種：一他罵報罵，
嗔打報嗔打。二侵犯於他，或他疑侵犯，憍慢不理謝。三他犯還謝，
惱彼而不受。四於他懷忿，相續持不捨。障精進有三：一貪供事故，
愛染御徒衆。二懶惰怠懈，非量耽睡眠。三懷愛染心，談說世俗事，
費時失正業。障定亦三種：一欲令心定，憍慢不求師教授諸禪法。
二不除五蓋，謂貪恚疑等。三已得定者於定深味著。障慧共八種：
初起見立論，誹謗聲聞乘，不聽受修學。二未精大乘，棄捨專學小。
三未精佛教，精勤學外論。四於外異論，愛樂生味著。五於殊勝法，
甚深眞實義，及諸佛菩薩難思議神力，不自審無知，不信起謗毀。
六以愛恚心，自讚毀他人。七聞說正法，憍慢不往聽。八於說法師，
嗤笑起輕毀。此三十二輕，障攝善法戒。復有十一種，能障於四攝：
他事不助伴，疾病不供事，此障於同事。見行非理者，不爲說正法，

障愛語應知。受恩不酬報。他難不拔濟。不釋他愁憂。不濟他窮乏。
於所攝徒衆，不正爲依止，正教授教誡。此五障布施，若懷嫌恨心，
不隨他心轉。於他實有德，不顯揚稱讚，應訶責治罰，及應驅擯者，
不如量如理，廣行於懲治。已得神通者，具變現威力，於諸有情類
應恐怖不怖，應引攝不攝。此四障利行。如是共十一，不饒益有情，
持菩薩戒者，一切應遠離。
此上一切戒，犯相有差別。謂染及非染，或犯而非犯。由貪嗔慢見
惡心而犯者，是謂染違犯。失念怠惰等，無記心犯者，違犯而非染。
隨染非染別，得罪亦不同。若由心狂亂，或貧病無力，不應行而行，
應行無力行，如是等一切，皆不名爲犯。又有爲利他 慈悲調伏彼，
或由全大義 權虧於小節，雖犯於諸戒，無犯成功德。

如是已廣說戒犯不犯相，應說持相。諸菩薩應如是持：所不應作者，一切不作。所

應作者，盡力而作。慇懃防護，堅固持守。設有所犯，不應作而作，應作而不作者，卽當發大慚愧，深心懺悔：或於同法者前，或於諸佛已入大地菩薩前，發露宣說誠哀求悔。如是便能未犯不犯，犯已還淨。又持戒者，持心第一。行由心生，心淨戒淨，心染戒染。心行淨者，慈悲智慧，權行利物，於戒無犯，生多功德。苟心不淨，無慈悲心，無利濟心，少欲喜足，少事少業，少希望住，於他憂患不起救拔，於他功德不助成就，於菩薩戒亦名爲犯。又菩薩戒菩提心爲本，受戒由此心受，持戒由此心持。故持戒者，當先持守此大菩提心。此心若退，戒體全失。此心不退，諸戒增長。是爲菩薩持戒總相。

所云捨者，捨菩薩戒有二因緣：一者捨棄大菩提心，戒卽隨捨。二者現行上品纏犯，他勝處法。言上品纏犯者，纏謂煩惱，以其上品煩惱貪嫉慳吝嗔恚不忍愚癡惡見數數違犯，都無慚愧，深生愛樂，見是功德。然雖捨戒，設能更發大菩提心，及能自誠懺悔已往纏犯，於現法中堪任更受。若諸菩薩不捨無上菩提大願，亦不現行上品纏犯他勝處法，雖復轉身徧十方界，在在生處，不捨菩薩淨戒律儀。於餘生中忘失本念，值遇善友爲欲覺悟菩薩戒念，雖數重受，而非新受，亦不新得。不同聲聞，命終卽捨，是爲菩薩戒捨不捨相。

言菩薩戒殊勝相者，

菩薩淨戒與聲聞戒種種不同，由斯見彼諸殊勝相。謂一聚不同故，二受不同故，三犯不同故，四持不同故，五捨不同故，六果不同故。聚不同者，聲聞唯有律儀戒，菩薩具攝律儀攝善饒益有情三聚戒故。受不同者，聲聞要得勝增上緣，多師僧衆，乃得戒故，菩薩以菩提大願爲根本故，因力强盛故，無須勝增上緣，一菩薩僧前，或佛像前，均得受故。犯不同者，聲聞要身語業犯乃成於犯，菩薩身語心行俱成犯故，謂如退捨菩提大願及於有情棄捨利益意樂，乃至其他種種不正心行，雖不發起身語業行，俱成於犯，故攝大乘論作如是說：菩薩具有身語心戒，聲聞唯有身語二戒。是故菩薩，心亦有犯，非諸聲聞。由是可知菩薩戒律嚴肅，百倍聲聞，身語易持，心行難守，故持不同者，由犯不同，故持亦異。總持三業，令無缺故。又菩薩持戒廣大甚深，爲利有情故方便善巧行殺生等七種作業，寧自墮地獄，救人無間大苦。如是勇猛無畏，大慈大悲故於淨戒殊勝無上。云捨不同者，聲聞之戒易持易失，菩薩之戒，難持難失。聲聞戒易失者，依於五緣皆捨戒故。一捨所學處，二犯根本罪，三形沒，二形生，四善根斷，五棄捨衆同分。菩薩戒難失者，唯二因緣，捨菩薩戒故。不退菩提大願，不作上品纏犯他勝處法，世世生生轉趣他方，皆不失故。果不同者，聲聞淨戒但能自利，成解脫果。菩薩淨戒，普利自他，成熟一切佛法，成熟一切有情，建立無上正等菩提果故。由是因緣，菩薩淨戒殊勝殊勝，廣大無邊。又攝大乘論增上戒學分中，說菩薩戒四種殊勝：謂一由差別殊勝，二由共不共學處殊勝，三由廣大殊勝，四由甚深殊勝，如彼廣說，此不具引。

言菩薩戒難行相者，菩薩地說，略有三種：一者，菩薩具足大財大族，自在增上，而不染著，棄捨是等而受菩薩淨戒律儀，是爲第一難行戒。二者，旣受戒已，徧於一切行住作意，恆住正念，常無放逸，乃至命終尚不犯輕，何況犯重？是爲第二難行戒。三者，菩薩住戒，若遭疾難，乃至失命，於所受戒尚不缺損，寧捨身命而全戒故。此如大智度論，述佛本生事云：菩薩本身曾作大力毒龍，若衆生在前身力弱者，眼視便死；身力强者，氣往便死。是龍一時往於佛所受一日戒，出家求淨。入林樹間，思惟坐久，疲懈而睡。龍法睡時，形狀如蛇。身有文章，七寶雜色。時有獵人見之驚喜，言曰，以此希有難得之皮獻上國王以爲服飾，不亦宜乎！便以杖按其頭，刀剝其皮。龍自念言：我力如意，傾覆此國，猶如反掌。此人小物，豈能困我？我今以持戒故，不計此身，當從佛語。於是自忍，閉目不視，閉氣不息，憐愍此人，爲持戒故，一心受剝，不生悔意。既失皮已，赤肉在地，時日大熱，宛轉土中。欲趨大水，見諸小蟲來食身肉，爲持戒故，不敢復動。自思惟言：我今此身以施諸蟲。爲佛道故，今以肉施，以充其身。後成佛時，當以法施，以益其心。如是誓已，身壞命終，卽生第二忉利天上。爾時毒蛇，釋迦文佛是。獵者，提婆達等六師是。諸小蟲者，釋迦初轉法輪八萬諸天得道者是。又如世間忠臣孝子，烈女義夫，爲守志節，全忠貞故，寧失身命，不虧其節。武穆精忠，甘受囚戮。蘇武杖節，飲雪呑氈。夏侯令女，截耳割鼻以持身。長安陳氏，救夫全父而斷首。諸如是類，史不絕書。律之佛法，皆所謂信願不虧，死守戒行者也。孔子曰，殺身成仁。孟子曰，捨生取義。是謂難行戒也。四者，如前所云。菩薩持戒，悲願切心。寧自墮地獄，而不願衆生受無間苦。由斯權行殺害，成大功德，出於染泥，不毀貞白。入於地獄，以度衆生。戒行彌堅，慈悲彌大。此更爲難行中之難行者也。是爲菩薩第四難行戒。

言菩薩戒善慧相者，謂諸菩薩多聞廣學，普於戒律若禁若開犯不犯相，若輕若重，是染非染，諸如是等皆悉了知。由善了知，故善持守。於所學處，智慧覺了，終無誤失故。是爲菩薩持戒第一善慧相。又諸菩薩善識因果，知諸世間三惡道苦，皆由衆生惡業所招。此惡業者，謂不律儀，殺，盜，邪婬，妄語，兩舌，惡口，綺語，貪欲，嗔恚，愚癡，邪見等。由是諸業，墮落地獄餓鬼畜生道中，備受無量極熱逼惱，飢寒食噉，種種苦惱。卽生人中，貧窮下賤，諸根不具，瘖啞愚癡，乃至六親乖離，惸獨孤露。故諸不律儀法，是衆苦之本。而我及衆生無始時來，愚癡無智，顚倒造作，又觀世間乃至出世一切妙樂，皆由善業之所生起。所謂善業，謂卽律儀。遠離殺生，行於慈濟。遠離刼盜，行於廉正。遠離邪婬，修正梵行。離於妄語，行諦實語。遠於兩舌，說和合言。遠粗惡語，說柔善語。遠離綺語，說莊嚴語。離貪嗔癡，及以邪見，勤修惠捨安忍智慧，及以正見。由如是等諸淨律儀，便能感得世間福報，所謂人天善趣妙果，富樂自在，莊嚴殊勝。亦能感得，諸出世間，無爲功德，解脫菩提，故諸律儀，是妙善之源，而我及衆生，無始時來，愚癡無智，棄而不作。我於今者，既得正知，識了因果，處非處理。譬如溺者，而得舟楫，又如饑人，忽遇稼穡，如迷路者，得大導師。如孤兒女，得其父母，寧不欣喜，歡愛慇懃，敬事精進，猛勇辛苦，勤勞以修行者？故諸菩薩，於戒律儀，愛如父母，事如尊長，護如稼穡，依倚仗庇，如同舟楫，愛樂勤修辛苦不倦，乃至雖至命難，能不忘失。所以者何？以戒功德至廣大故，能出有情於大險難，能濟有情於大安樂故。故諸菩薩，由善慧故，如理觀察，便於淨戒能善護持，一切無難。是爲菩薩第二善慧戒。又諸菩薩作是思惟：我今已發大菩提心，於諸有情誓願拔濟，云何方得拔濟他耶？要當令他修習正行，令彼正行自成就已，然後自能得拔濟耳。諸正行中，律儀第一，諸佛賢聖之所修故，已由於彼得出離故，慈愍有情而教誡故。故欲安置有情於正行者，安住律儀爲最第一。如是既欲安置有情於淨戒者，必當自身先住律儀，然後乃能令他淨信而修學。故設自先不安住律儀，而勸請他安住律儀。他則問言律儀功德汝何不修？汝既不修，何能教人？將非欺誑，成妄語者？設能住戒，修戒功德，人見功德自生敬信。生敬信故，自然修學。儒者言：其身正，不令而行。其身不正，雖令不行。君子之德風，小人之德草，草上之風必偃。大人者，正己而物正者也。故古之欲明明德於天下者，必先治其國，齊其家，修其身也。是故菩薩欲成度人濟世之業，必先自正其身。正其身者，正其行也。行合律儀，是謂身修。身修而後人法之也。然則設於律儀而有毀犯穿缺，則卽無以表正他人，人將學我而行非義。是則自犯律儀，卽無異於令諸衆生犯於律儀也。故曰：堯舜帥天下以仁，而民從之。桀紂帥天下以暴，而民從之。

一人之行爲影響於天下者如此，菩薩以有情業行果報之重而自負荷者，當何以嚴持戒律而兢兢業業慚愧猛勇修習諸善止息諸惡耶？是爲菩薩第三善慧戒。

又諸菩薩持禁戒者，設遇險難因緣現前，所謂家財眷屬國土人民，乃至身命，分崩離散，傾覆死亡，諸相現前，於諸禁戒更難持守。菩薩卽當住於善慧，而正觀察一切有爲無有常者。諸盛歸衰，無不滅者。如是一切，乃至自身，五蘊聚集，離我我所，業緣既盡，終歸幻滅。故於是等，不應驚怖，不應阻喪。我觀我身，無始時來，由癡無智，耽著內外身財等故，造作諸惡，備受衆苦。而身財等，終無不失。如是我今，何可復因以身財等諸險難事，自損律儀？設我今者嚴護律儀故，現時雖失不堅之身，而於當來善業成熟，功德圓滿，自能成就金剛不壞堅固法身，棄於身命而得慧命，棄於世財得聖法財，如以瓦礫易頗胝寶，何所慳惜何事疑畏而不爲者？由是因緣，善慧觀察，故諸菩薩一切危難乃至失命終不棄戒。是爲菩薩第四善慧戒。

又諸菩薩雖於禁戒嚴自護持，然於淨戒不生執著，謂言此戒爲第一法，至妙無上，無能勝者，由執著故而於他法若定若慧更不修行。以善慧故，好自尋思：如斯戒者，佛所禁制，甚爲希有。然此不過爲範狂愚犯戒有情，方便施設。由此率身，令修正道。故此不過菩提資糧，非爲究竟，云究竟者，止觀等運，定慧圓滿，伏斷煩惱，實證法界，如斯盛法斯爲上耳。菩薩由是善慧思惟，故於諸淨戒不自執著，安住淨戒，更修善法。若定若慧大慈大悲。彼由善修諸善法故，故能攝受一切善法，成熟一切有情，乃令戒行清淨廣大，餘無及者。是爲菩薩第五善慧戒。

　又諸菩薩安住淨戒律儀已，見諸有情行於大惡，諸不善法。所謂損惱有情，危害國土，普令天下紛爭濁亂。菩薩見已，令此有情爲斯大惡，無餘有情能調伏者。我若安住恆常律儀，謂不殺盜邪婬妄語等，則我於彼亦復不能施其調伏。於彼有情不能伏故，卽亦不能拔救世間一切有情受彼害者。如斯功德，非妙非上，亦非廣大。我今若能以自力能斷彼暴惡有情命者，或黜或罪，驅之邊野等，如是於我一己律儀雖若虧損，而乃拔濟諸餘有情於險難中。於彼暴惡有情雖現時與彼以不饒益，然令彼惡業得因失勢失命而不作故，於當來世不受大苦。是故於彼亦實饒益。菩薩如是善思惟已，故能以其大智大悲，大無畏行行於世間諸難行事，於菩薩戒都無違損，生大功德具如大論戒品中說。七支性罪利物無犯。孟子曰，賊仁者謂之賊，賊義者謂之殘，殘賊之人謂之一夫，聞誅一夫紂矣，未聞弑君也。誅彼殘賊，使天下復於平治，政治復於清明，人心歸於禮義，教化成於仁和，是非誅一不律儀者而安天下於律儀中乎？如斯功德故無有量故曰湯武革命應乎天而順夫人。是非大士戒行弗能及也。是爲菩薩第六善慧戒

又諸菩薩以無漏智現觀諸法眞如實際，由斯智故於一切戒無取無得，無漏究竟，最爲第一。是爲菩薩第七善慧戒。此如勝義中說。

言菩薩戒淸淨相者，菩薩地中說十淸淨：一最初善受，二不太沈舉，三離懈怠，四離放逸，五發起正願，六軌則具足，七淨命具足，八離二邊，九永出離，十無損失。言最初

善受者，謂非惡受戒故。言惡受者，謂有爲王爲賊，或爲債主，或爲怖畏或失生理，由是等緣爲求活命故出家受戒，非爲沙門性，不爲求涅槃，不爲菩提故出家受戒，是爲最初惡受。離此惡受，爲求沙門性故，爲求自調伏，爲求調伏他，爲攝受善法，爲攝受有情，爲成大菩提故而受淨戒，是爲最初清淨。二不太沈舉者，云太沈者，謂太極沈下，性無羞恥，惡作羸劣，爲性慢緩，於所學處不善防護，於所犯罪不極慚愧，是謂太沈。言太舉者，謂太極浮散，堅執惡取，於諸細故不應慚愧者浪起惡作，惡作纏心，令不寂靜；或於他人苛細推求，苛細舉發，非罪說罪，非犯說犯，起輕懱心，或惱害心；或於非處强生曉晤；是名太舉。離是沈悼，於所違犯深生慚悔，遠離非處生諸愧悔，又於他人不起苛責，如量如理安住淨戒，是爲第二清淨相。三離懈怠者，謂住淨戒，翹勤無惰，發起圓滿，於諸善業慇懃修習，終不躭著睡眠倚臥，虛度時日，是爲第三清淨相。四離放逸者，謂菩薩住戒，具足成就前中後際先時俱時五支不放逸行，如前已說，是謂第四清淨相。五發起正願者，不爲他生求生天界，或求現世利養恭敬故而修淨戒梵行，但願求清淨戒行成自佛法，成就有情，求自菩提而修淨戒故。六軌則具足者，謂所有行於威儀路，於所作事，及於善品加行處所，所有身業語業，隨順世間，隨順毘奈耶，不違越軌則而正行故。七淨命具足者，謂性清淨，無貪無求，易養易足，恬靜正直，淡泊超然，離諸一切矯詐欺罔邪命法故。八離二邊者，謂有二邊：一者躭著受用極樂行邊，從他所得或法非法衣服飲食及諸資具愛玩受用，不觀過患，不知出離。二者好求受用自苦行邊，以無量門而自煎廹，受極苦楚，謂可得道，如諸無慚事火外道等所作苦行。離是二邊，不於欲樂躭著受用，亦不無義衆苦煎逼，善離貪嗜，好持身心，是謂離二邊。九永出離者，謂有於戒妄見執取，我因此戒當得清淨解脫出離，一切外道所有戒禁雖善防護雖善清淨，如其清淨不名出離，如是雖能好持禁戒，而由我見執著故，不能出離。永斷是見，不於淨戒起見執故，便能離相，永得出離，是謂永出離。十無損失者，謂有一類雖受戒禁而無羞恥，不顧沙門，毀犯禁戒，習諸惡法，內懷腐敗，外現眞實，猶如淨水所生蝸牛，螺音狗行，實非沙門自稱沙門，實非梵行自稱梵行，實非菩薩自稱菩薩，如是一切名所受失壞。如是菩薩自受戒已，殷重守護，深懷羞恥，未犯不犯，犯已還淨，內懷實德，外現謙和，於自戒行無滿不伐，於先所受菩薩淨戒永無缺減，無破壞故，是謂無有損失如是十種，爲菩薩淸淨戒相。

言菩薩戒勝義相者，勝義如惠施中已說，由於勝義而淨持戒，不住於相，名勝義戒。如大智經言：罪不罪不可得故，應具足尸羅波羅密。言罪不罪不可得者，待於罪故而施設戒，依於戒故出罪無罪，持戒淸淨，故罪無有罪，無有故，不罪亦無。不罪既無，罪亦非有，以罪不罪，相待立故。復次所云罪者，待因緣立。言因緣者，謂待自他有情貪嗔癡慢身語意業而立。緣他有情生貪嗔癡起殺盜等損害於他，是則名罪。是故罪者，衆緣所成。衆緣成故，罪無自性。無自性故，是則爲空。又觀自他有情，五蘊聚集，和合有故，無有實我。實我無故，無有作者，亦無受者。作者受者兩俱無故，則無罪者。罪者無故，罪亦是無。是故說言，罪不可得。罪尚不可得，彼不罪性，依罪立者，云何可得耶？是故兩俱不可得也。兩俱不可得，是爲俱足尸羅波羅密。或謂依於罪故乃立淨戒，嚴持淨戒乃得無罪，今謂罪不罪不可得，寧非戒亦無有戒？既無故，云何出罪而成無罪？諸佛何爲立諸戒禁？三乘聖衆何爲淨持戒耶？曰，爲度罪人，故說諸戒，令出於罪，而得無罪。此乃方便，非爲究竟，以彼執有罪相，是可離故；亦執有非罪，是可作故；如是有執有相，有離有作，故非究竟。言究竟者，謂離一切執，無一切相，無有所離，亦無所作。如是故能永不造作一切罪，自性成就無邊功德。戒不戒相亦無有故，如斯乃能具足尸羅波羅密耳。又執有罪者，於罪起怖，故無自在權行利物之功。執無罪者，於無罪生著，卽非清淨眞實功德。又執有罪者，於有罪人生恚，故失大悲，執有無罪者，於己無罪卽起高慢，故失大智。悲智不立，雖嚴持戒，當知是凡夫劣乘善法，非爲究竟。故要離相，乃到彼岸，是謂淨戒勝義相。此勝義戒相，地前菩薩聞思而知，入地證得，成佛究竟。

言菩薩淨戒威力相者，如菩薩地說有四相：『謂諸菩薩受持清淨身語律儀，能斷犯戒，戒所對治是名第一。卽所受持淸淨尸羅，能爲自己菩提資糧，亦卽能作同事攝事成熟有情，是名第二。受持淨戒，捨離犯戒爲緣所生怖畏衆罪怨敵等事寢寤安樂，以自饒益；又由淨戒無悔歡喜乃至心定，以自饒益；受持淨戒不損惱他，普施一切有情無畏以饒益他；是名第三。由是因緣。身壞已後。生於善趣天世界中，是爲第四是名持戒威力四相，此外無有若過若增。』淨戒威力，卽淨戒果利。如是威力隨於菩薩因果位次有差別故，威力大小有其差別，乃至成佛，當斷已斷，應得已得，異熟已盡不復更受，唯以成熟饒益一切有情令諸有情皆得成就如是淨戒廣大威力以爲其果。威力究竟，窮未來際，皆如惠施威力中說。如是已說淨戒波羅密多竟。

安忍

已說大士戒，安忍次當說。一自性，二因緣，三差別，四修習，五平等，六難行，七善慧八淸淨，九勝義，十威力。

自性者，梵語羼提，此云安忍。於諸艱難，危苦陵虐，侮辱等境，及諸深廣殊勝法義，順受不逆，堅持爲性。言順受不逆者，於艱苦境無怨尤故；於諸陵侮，無惱恨故；於深法義，順信入故。言堅持者，於自願行諸勝善法，堅固持守，不因艱苦違逆等境而退失故，是謂安忍。順隨不逆故名安，堅持不失故名忍，安而能忍，忍而復安，具名安忍也。舊譯忍辱，表義不盡，於受苦擇法，義俱缺故。又云忍者，不但於他怨害當忍，於他利養恭敬等亦當忍故。

言因緣者，菩薩安忍本性仁智牢强精進以爲其因，菩提大願悲愍有情鬪思正法以爲其緣。性仁慈故，於他怨害故能無嗔。由智慧故，於諸善法能審抉擇。由性堅强故，於諸艱苦能無退屈。故此三者，爲安忍因。由諸菩薩發宏誓願，悲愍有情，鬪思正法故，能令安忍增上廣大，是故爲緣。缺因不生，缺緣不長，故此安忍要備如斯因緣多法，言差別者，菩薩地云，在家出家各有三種：一耐他怨害忍，二安受衆苦忍，三法思勝解忍。

耐他怨害忍者，謂他有情若來陵虐笑罵誹辱捶打逼切，乃至害命，諸如是等非理非義惡行加害，菩薩受此種種怨害皆能忍耐，自無憤勃，不報他怨，亦不隨眠流注恆續，而但於他來加害者平等安住悲心慜心，是爲耐他怨害忍。

安受衆苦忍者，所云衆苦略有八種：一依止處苦，謂衣食住及諸醫藥供身食物，是爲有情四種依止處。於此四依或缺或少，或極弊惡不堪受用，由是發生飢寒等苦，是爲依止處苦。二世法處苦，一衰，二毀，三譏，四苦，五壞法壞，六盡法盡，七老法老，八病法病，九死法死。如是九種能生大苦。世法無常，法爾生苦，故名世法處苦。一切有情無能違逆。三威儀處苦，行住坐臥四種威儀，久則勞倦，自然生苦。諸修行者，經行宴坐盡夜恆時，所起疲苦，名威儀處苦。四攝法處苦，此有七種：一供事三寶，二供事尊長，三諮受正法，四廣爲他說，五吟咏讚誦，六思惟觀察，七修習瑜伽止觀作意由此攝法勇猛劬勞所生衆苦名攝法處苦。五乞行處苦謂出家者毁形剃髮，棄世相好，持壞色衣進止云爲競業攝持，捨世營業，從他乞濟，不畜珍財，離非梵行，離諸嬉戲，隨於是等節約艱辛所生衆苦，是爲乞行處苦。六勤劬處苦謂修善法劬勞因緣所生種種身心疲苦。七利他處苦謂如戒中饒益有情作助伴等十一種業所生衆苦，八所作處苦，謂出家菩薩有營爲衣鉢等業，在家菩薩有無倒商賈營農仕王等業，由此發生種種劬名所作處苦。菩薩於此八種苦中，一切忍受，不由此緣精進懈廢，雖觸衆苦而於無上正等菩提未正勤修能正勤修已勤修者能無退轉，常勤修習，無變異意，無雜染心是名菩薩安受衆苦忍。此如菩薩地說。

法思勝解忍者，謂諸菩薩由善觀察勝覺慧故，能於八種生勝解處善安勝解：一者三寶功德處，二眞實義處，三諸佛菩薩大神力處，四因處，五果處，六應得義處，七自於彼義得方便處，八一切所知應行處。由於如是勝解處堅持力故，生深勝解，於佛聖教境行果中安住無動，修行無倦，能正摧伏一切外道戲論；一切外道戲論所不能屈。

如是安忍雖有三種，然以義類因果相屬，是故總立爲一安忍。謂諸菩薩爲諸有情故，發起無上大菩提心，故於有情當住慈悲。障慈悲者，是爲嗔恚，故應伏除。爲嗔恚緣者，謂諸有情違逆陵虐侮辱等法，故欲無嗔，要當於彼違逆侮辱悉能安忍，乃能堅持此慈悲心令不忘失。此心不失，然後乃能長住生死，不入涅槃。旣處生死，卽當會遇生死流中一切苦厄，故必能有堅持性力忍彼衆苦，而後乃能成就有情一切義利。是故次應修習安受衆苦忍。耐他怨害安受衆苦者，謂當成熟有情義利故。如是義利爲是何等？謂卽八種生勝解處。三寶功德，是皈信處。眞實義者，是所證處。諸佛神力，是所求處。若因若果若應得義，及得方便，是所正知處。一切所知所應行處，是應行處。於此諸處深生信解，印持不失，然後乃能自度度他，同超彼岸。否則唐勞，空無果也。是故法思勝解忍爲忍第三。如是三忍，俱以堅持爲性者，堅持一切功德，伏諸違難故。耐他怨害忍者，堅持慈悲，伏嗔恚故。安受衆苦忍者，堅持願行，伏退惰故。法思勝解忍者，堅持善法，正信正慧，伏諸外道異說故。由是安忍，故能增長慈悲，堪忍衆苦，成他義利。於度他中，安忍之力爲最第一。

言修習者，菩薩發心利益有情，爲有情故長處生死，而諸衆生弗識賢愚，罔知是非，反於菩薩起諸惱害，若駡若辱，若打若割，如是種種而相陵逼，此亦人情之所難堪，必起忿恚而加反報者也。菩薩此時，云何而修忍耶？曰，於此時間，當自反省：我今所以招受彼害者，或當由我行自有未盡耳。孟子云：愛人不親反其仁，治人不治反其智，禮人不答反其敬，行有不得者皆反求諸己，其身正而天下順之。所謂愛人者人恆愛之，信人者人恆信之。我之不爲人所信愛，無亦自取之咎耳。如是審思，便能自見過失，勤修功德。至誠所至，金石爲開。作聖作賢，此爲方便。詩云：他山之石，可以攻玉。老子云：善人不善人之師，不善人善人之資，不敬其師，不愛其資，是謂大愚。故諸菩薩於諸有情來加侮辱，相違逆者，起師資想，起功德想，反省克己，益勤修德，無怨無嗔，益加慈悲，又諸菩薩更作是念，如是諸人所以於我起違害者，當是我昔多生自作惡業，自招罪耳。謂諸有情無始時來，或善或惡，互作順益，互作違損，以善順益者？餘世他生，爲親爲友，慈孝忠信，以惡違逆者，餘世他生爲怨爲對，雖作親友而反相害，以怨害故，復於他生更作仇對，如是生生寃仇往復，如環無端，更互惱害，此所異於自惱害者曾無幾也，故諸菩薩設遇怨對來現在前，作宿業想，安住慈悲，以釋怨結。謂我前生既以惡業而招彼怨，今彼來報，設更以力相仇對者，是卽同於更作怨對。如是往復寧有已耶？故於彼人所有違害，安受不逆，而以慈心反相饒益，如是便能釋彼怨心。宿怨既除，新恩卽起。如是便能化除仇讎，悉爲恩誼。又諸菩薩如是思惟，常人之情，於恩則愛，於怨則嗔，是以唯住貪嗔，曾無善法，我若於人，亦如是者，則何以名發大心，修聖道者？故我不但於有恩者當起悲心，於有怨者悲心轉切。謂彼怨者如是我自不善招彼怨者，自當倍生慚愧，倍加報敬，以釋我罪。設彼非法作惡加害於我者，彼爲愚癡，彼爲無義，如斯愚騃倍覺可悲，以彼無能自得濟度，必賴於他始得度故。故佛菩薩，悲愍有罪，過無罪者。我亦應當如是修學，於諸怨害倍起悲心，於彼非法一切忍受。又諸菩薩作是思惟：世有狂人爲魅所着，於彼良醫慈心救治，起諸毒罵，非禮相加。彼良醫者，自念此人魅所着故，心不自主，彼罵我者自是魅力，於彼有情復何所與？由是思惟，但一心力除治彼魅。於彼有情，慈心不怒。故我今者，當如良醫，一切有情煩惱繫縛皆爲魅著，由煩惱魅故來害我，我今但當悲彼有情爲拔煩惱，終不於彼生嗔惱也。又諸菩薩，如是思惟：一切有情無始時來展轉繫屬，無有不作我父母者，無有不作我妻子者，無有不作朋友師長諸敬信者。無明盲故，失宿命故，親反爲怨，怨反爲親。如是今日來辱我者，安知不爲前生父母兄弟妻子朋友師長等耶？我今於彼設起嗔心而反報者，卽無異於嗔其父母，損惱父母乃至師長。由住如是宿生親善想故，於怨能忍，悲心轉增。又諸菩薩，以慧觀察，一切有情五蘊和合假說爲人，中無有我，作者受者，是能打者，是能罵者。亦復誰是受罵受打受陵辱者？又此五蘊業緣起盡，往返諸趣，生老病死，循還往復，無常無恆，備受衆苦。一切有情，旣彼自性是無常法，是其苦法，念念生滅，念念受苦，更復何事更起嗔怒加彼苦者？唯當生起悲心愍心，令當解脫生老病死無常苦蘊，乃爲智者。而今於彼起嗔忿者，當知愚癡，大可哀愍。如是彼由無我無常衆苦想故，於諸有情嗔恚便息，生慈濟想。又諸菩薩於諸怨害有情修攝受想：我爲一切有情發菩提心攝受一切皆爲眷屬，我應於彼作諸義利，如是願心諸佛共知，尙不於他生彼我想，況復於他起嗔害者？譬如父母唯有一子，愚癡無智罵其父母，彼父母者寧於彼子生於嗔惱而棄捨耶？唯當慈愍，徐敎誨耳。諸佛菩薩皆視衆生如一子地，故我今者依攝受想，滅除嗔恚。於諸怨害，悉能堪忍。於他怨害，能堪忍故，故能攝益拔濟一切衆生，大慈悲力無窮無盡。復次菩薩於他，所有怨害尙能堪忍，於他利養恭敬亦能堪忍。由不因他利養恭敬，而生貪著，及起憍慢，生諸過故。設於他所生起貪著憍慢過者，能自損害，亦損害他。自損害者，增長煩惱，躭著五欲，損害白法，不得出離故。損害他者，貪著既生，慈悲不實，徇他愛敬，自失威嚴，不能如理如量施敎誨故。又自旣損害，何能敎他？軌範不立，失敬信故。故諸菩薩於世利養名聞恭敬上妙五欲，當勤觀察，了知有爲有漏之法，無常無，恆，虛妄顯現，誑惑愚夫，不可信保，諸聲聞人爲自求利。尙當少欲知足勤修厭離，我爲菩薩爲度一切，何可復著五欲虛妄之法而生過者？又自觀察，一切惡業由煩惱起，一切煩惱無有過於貪嗔癡者。我既於他修行忍辱拔除嗔毒，亦當於他修於上捨忍斷貪欲，然後乃能白法圓滿，自在利生耳。是故菩薩不但於他怨害而修於忍，亦復於他利養名聞而修於忍，此如大智度論中廣說。

又諸菩薩云何修習安受衆苦忍者，謂諸菩薩設因依止處而受衆苦者，當自思惟：一切衣食利養什物，皆由業力之所招感，或由今生所作，或由他生所作，皆自業生，無所怨尤。云今生所作者，謂如工商農務等業，隨彼勤惰而果有豐歉。由前生作者，謂由多生布施功德，故生而大富，利養不窮由多生慳悋不知利他，故生而貧困，生養不遂。此如羅頻珠比丘證阿羅漢，循行乞食七日無得。行過王宮，見一御象，金絡嚴身，飼養豐美，肥盛壯大，巍然出羣。時此比丘見彼象已，以宿命智，對象唏噓。由彼神力，象亦自感宿命，悲泣涕淚，遂不復食。王愛象故，深致憂惱，召問廝養，此復何因？廝養告言：因見比丘，遂不食耳。王召比丘而詢其故。比丘白王：此象與我，迦葉佛時，同共出家。我住精進，獨修出離。然於大衆，都無利益。彼作知客，好營衆務，而於戒定，都棄不修，故於今世得報各殊。我修戒定，證阿羅漢。無施功德，乞食七日無施與者。彼棄戒定，故今爲象。好營衆務，故生王宮，得好飲食，多人飼養。我今過彼，互識宿命。是以此象悲泣自不食耳。由此可知：人之所受，各隨其業。富貴貧賤，各自取耳。故雖受貧苦，終無怨尤。更自思惟：我由前生不勤修善，故感今報，設因飢寒，遂不勤修善法，來生險難，當復何如？由是因緣，不因飢寒障其精進，反於正法而更勤求。又諸菩薩，觀自他身同生濁世，飢寒交迫，大有其人；無怙無依，寧獨我者？我旣受苦，他亦復然。當更因是，長養悲心，勤修善業。昔范文正貧苦好學，拾金不取，恐累志業，而以天下爲己任。曰：先天下之憂而憂，後天下之樂而樂。可謂賢也。又諸菩薩設遇世法處苦，當作是觀：諸有爲法，一切無常，無常故苦，法爾如是，盛衰苦樂，生老病死，往復循還，無能免者。唯當發大願心，自度度他，同超彼岸。終不應於如是諸苦，徒生憂惱，懈廢正業。譬如有人，爲賊所患，唯當發勤精進，伏除彼賊，乃得安隱。不可愁嘆憂悲。坐以待斃也。有爲怨賊常逐有情，唯修正道可以出離，故當於自生大勤勇，亦當於他發起大悲。如佛如來，所作無異。不效愚人，悲號悶絕也。設受威儀處苦，攝法處苦，乞行處苦，勤劬處苦，利他處苦，所作處苦，即當如是正勤觀察：世出世間，由因果建立。願得何報，當造何業。農人收穫，先致劬勞。商賈求利，尙勤跋涉。將欲大有爲於天下者，更必能忍受所作所爲一切苦惱，乃克有成功也。況夫欲自度度他同成正覺者，所需功力自倍勤勞，小苦不忍何能成大？是故遇是諸苦，皆視爲當然而弗以爲異，唯當發大願心，發大悲心，精勤堅忍，一切無畏。自念我昔，流轉生死爲諸罪業，尙致殷勤，況今爲是大菩提故，而不樂忍一切正業所生勞苦者？由是因緣，殷勤策發，慰勉慶悅，便能卓然諸苦不動。昔者禹平水土，隨山刊木，奠高山大川，十八年在外，三過家門而不入，櫛甚風，沐甚雨，腓無胈，脛無毛，勤勞天下如此而不怨者，以其視天下人之飢溺，猶己飢溺之也。有悲愍心，一切能忍。菩薩爲度有情長處生死而不畏其中所有苦難，亦復如是。大悲心故，大願力故，凡所有作，衆苦皆忘。是爲菩薩修習安受衆苦忍。

又諸菩薩修習法思勝解忍者，謂此或依多聞，於佛菩薩諸善知識殷勤覲問，諮受法義，而得勝解。或依自尋思，如理作意，於佛聖教殊勝境界展轉推究尋求伺察，諦審抉擇而得勝解。或依修習禪定止觀，依靜慮故，現觀法界，依於現觀而得勝解，設於諸法諸妙境界自無智力思擇尋求，無修習力而得現觀，即當自審無智無能，仰推如來是大智者，是大悲者，眞誠諦實不妄語者，於彼所說强信不逆，隨順印持，終不因是生疑生悔，起諸邪慢。雖不能依法而行，而能依於淨信而習聖道。如是種種，是謂菩薩修習法思勝解忍，由是忍力，於佛聖教決定印持，一切外道異論不能引轉，故於願行，無退無屈；於大精進，發起進修；助前二忍圓滿成熟。如是已說菩薩安忍修習。

言安忍平等相者，謂諸菩薩於諸有情不分親疏，不別恩怨，亦不分別賢愚善惡尊貴下賤，意樂平等悉能忍故。非如凡夫，於親能忍，非於疏者，如爲父母者，能忍其子所有過失，於他人子則不忍故。於恩能忍，非於怨者，如人於有恩者忿怒能忍，於有宿怨者小不如意，輒起惱害暴怒故。於賢善尊貴者能忍，非於愚惡下劣者，一由畏敬而忍，一由輕慢而不忍故。如是分別，菩薩悉無。等觀有情，一體悲愍。故於安忍，一切平等。又諸菩薩修安忍者，以彼安忍自性淨善，由是故修。由能增長慈悲願力，伏除嗔恚貪欲隨眠，成就菩薩盛德大業，由是故修，非有所爲故。由有所爲故，心不平等。無所爲故，心卽平等。言有所爲者，或爲貪求，或爲恐怖。云貪求者，欲求彼利，忍彼怨害故，如諂誑者，於其所事尊貴有情，雖受陵侮而益恭順。云恐怖者，畏彼威勢，忍彼怨害故。如諸弱者，於諸强暴，雖受陵侮無反報者。如是忍者，非是善忍，利盡勢窮，則反報故。此如趙高之事二世，勾踐之事吳王，外示恭順，內懷毒心。一旦事變，成寇賊故。如是忍者，何能平等？非利非威，卽不忍故。菩薩行忍，非有求於彼，亦非有畏於彼，爲饒益他而行忍故，爲自功德而行忍故。忍出至誠，故一切平等。由是因緣，慈悲喜捨，攝受衆生。於無樂者，以慈行忍。於有苦者，以悲行忍。於有功德利益者，以喜行忍。於住煩惱分別者，以捨行忍。

隨彼彼有情，行種種忍，如理如量，平等平等，是爲菩薩平等安忍。又諸菩薩，於諸怨害，諸衆苦事，於諸善法，悉成忍故，名平等忍。

言難行者，菩薩地云：此忍三種：謂諸菩薩能於羸劣諸有情所忍彼所作不饒益事，是名第一難行忍。若諸菩薩，居尊貴位，於自臣隸不饒益事堪能忍受，是名第二難行忍。若諸菩薩於其種姓卑賤有情所作增上不饒益事，堪能忍受，是名第三難行忍。凡是三種，以其地位高下之不同，因而憍慢易起，權力易施，於此能忍，是則爲難也。又諸菩薩能受有情至極難堪諸暴惡事，不動嗔心，不懷反報，慈心增長，是極難行忍。菩薩藏經言：我念過去，爲大仙人，名修行處。時有惡魔，化作五百健罵丈夫，恆隨逐我，與諸惡罵。晝夜去來，行住坐臥，僧坊靜室，聚落俗家，若在街巷，若空閑處，隨我坐立，是諸化魔以麤惡言毀罵訶責，滿五百年，未曾休廢。舍利子，我自憶昔五百歲中，爲諸魔羅之所訶毀，未曾於彼起微恨心，恆興慈救，而用觀察。舍利子，我於爾時，復作是念：諸善男子，守護尸羅，具衆善法，於貪嗔癡性輕少者，不唯於彼作諸利益說我以爲難行行者，又亦不唯於彼作諸利益能證無上正等菩提。若有衆生，剛强難伏，毀犯尸羅，具諸惡法，爲性濁重貪嗔癡者，我若於彼作諸利益，是則說我爲難行行者，由我於彼作諸利益速成無上正等菩提，先當令彼證寂滅故。又佛往生爲忍辱仙人，在大林中修慈忍時，哥利國王將諸婇女入林遊戲。飲食既訖，王小睡息。諸婇女輩採花林間，見此仙人安住彼處，威儀殊特，肅穆慈祥。咸興禮敬，在一面立。仙人爾時爲諸婇女讚說慈忍，言音殊妙，義理周圓。諸婇女等，聽之無厭，久立不去。哥利王覺，不見婇女。拔劍追蹤，見在仙人前立。憍妬隆盛，瞋目奮劍而問仙人：汝爲何人，汝作何事？仙人答言：我名忍辱，修忍行慈。王言：我今試汝，當以利劍截汝耳鼻，斬汝手足，若不嗔者，知汝修忍。仙言：任意。王卽拔劍，截其耳鼻，斬其手足。而問之曰：汝心動不？答言：我修慈忍，心不動也。王言：汝一身在此，無有勢力，雖言不動，誰當信者？是時仙人卽作聲言：若我實修慈忍，血當爲乳。卽時血變爲乳。王大驚喜，將諸婇女而去。金剛經中所謂哥利王割截身體，節節支解者，卽此事也。如斯等類，悉皆能忍。是謂難行忍。

安忍善慧相者，謂由智慧故，於諸難忍一切能忍。由善抉擇因果法性，不於苦惱憂悔迷悶生退屈故。又諸菩薩由善慧故，於修忍時善能成熟自他功德，善能防護自他善根，不令所修而成過失。謂他有情設於菩薩生諸惱害，菩薩當思如是有情雖於我所起諸惱害，然我不應起於嗔恚及反報心。雖於彼所不起嗔心，然當更思饒益方便，謂審力能設能於彼作諸饒益，釋彼怨者，卽當以其大恩大德而饒益之，令知慚愧，自感恩德而得敎化。設彼有情難以恩結，當以威服而攝伏者，菩薩爾時卽當內住悲愍，外現嗔怒，或罵或打，或黜或罰，以其種種恐怖方便令知懲戒，如是菩薩修行安忍，雖住慈愍而不行姑息。旣攝受之必成就之，勿令彼過暴惡增長成大罪故。又見有情極大暴惡，不但於一人所作不饒益，亦於衆生作不饒益，或時乃至擾亂社會傾覆國土。菩薩爾時，住饒益心，爲令世人普得利濟，亦令此人暴惡止息故，乃至持刀斷害彼命。雖斷彼命，而實於彼成就慈忍大施功德。舜之放四凶而天下服，成湯放桀，武王伐紂，而安天下之民，咸此道也。如是菩薩內住慈悲，外顯威力，大亂平，紀綱正，萬方共受其利，濟此之謂善慧安忍也。又諸菩薩雖住慈愍，見諸有情作惡無厭，當以威力黜罰懲治，而自無力，難行懲治。則時唯當捨而不治，忍受彼惱，無以微力，觸大暴惡，損己之威，於他無利。若太王之去邠，而修德懷民，終成王業，克平狄亂者，用此道也。諸大菩薩，七支性罪，利物可犯。具神通者，於諸暴惡示現種種恐怖等事而引攝之。如是而後成就於大戒，如是而後成就於大忍。菩薩行忍，固與常人不同也。如是菩薩修行安忍，有內外俱忍者，有內忍而外示不忍者，有似不忍而成就大忍者，有理不應忍而暫行於忍者，如是一切，咸以善慧裁制，皆以利濟有情爲歸。是爲菩薩善慧忍。

安忍清淨相者，菩薩地云：此忍清淨，略有十種：謂諸菩薩遇他所作不饒益事，損惱違越，終不返報；亦不意憤，亦無怨嫌，意樂相續，恆常現前，欲作饒益，先後無異，非一忿已捨而不忿；於有怨者，自往悔謝；他於我有違犯欲來謝者，終不令他生疲厭已然後受謝，恐其疲厭，纔謝便受；於不堪忍成就增上猛利慚愧，依於堪忍；於大師所，成就增上猛利愛敬；依不損惱諸有情故，於諸有情成就猛利哀愍愛樂；一切不忍並助伴法皆得斷故，離欲界欲。由此十相，當知菩薩所修行忍清淨無垢。又諸菩薩安忍清淨相者，一者不由畏他而行忍故，二者不由貪求他人利譽等事而行忍故。三者，爲自成就安忍善法而修忍故，四者，爲欲成熟他諸有情而修忍故，五者，離欲界法，以無嗔恚而行忍故。六者離聲聞心，爲欲勤求無上菩提而修忍故。七者，大悲法爾於他有情自然忍故。八者，勝慧空智不得人法而修忍故，由是等相，菩薩安忍清淨無垢。

言勝義忍者，如言勝慧空智，不得人法而修忍故，大智經言：心不動故，應具足羼提波羅密；言心不動者，不爲一切我法諸相之所動故，菩薩藏經如是詳言：謂我能堪忍毀罵而起忍者，是則名爲俱生之忍，如是忍者，非畢竟忍。若謂誰能起罵，復何所罵，而起忍者，是名計校法忍，若謂是眼能罵眼耶而起忍者，是則名爲觀諸處忍。若謂此中無能所罵而起忍者，是則名爲悟入一切無衆生忍。……若謂罵聲但有諸字，是則名爲響聲之忍。若謂彼我俱無常故，是則名爲悟無常忍，若謂彼有顚倒我無顚倒，是則名爲高下之忍，若謂彼非正理我是正理，是則名爲相應不相應忍。若謂彼住邪道我住正道，是則名爲二道別忍，如是忍者，非畢竟忍，若謂我忍於空，不忍見趣；我忍無相，不忍諸覺；我忍無願，不忍志求；我忍無作，不忍諸行；我忍惑盡，不忍煩惱；我忍諸善，不忍不善；我忍無罪，不忍有罪；我忍無漏，不忍有漏；我忍出世，不忍世間；我忍淸淨，不忍雜染；我忍涅槃，不忍生死。舍利子，如是諸忍，但得名爲治斷之忍，皆非菩薩畢竟忍也。復次舍利子，云何菩薩摩訶薩行於羼底波羅密多時修行菩薩畢竟之忍？舍利子，若隨順空，不滅諸見，於彼空性亦無增益；若隨順空不滅求願，於無願求亦不增益。若隨順空，不滅諸行，於無作性亦無增益，若隨順空，不滅不善，於彼善性亦無增益。若隨順空，不滅有罪，於無罪性亦無增益，如是乃至若隨順空不滅生死，於涅槃性亦無增益。舍利子，如是等相而生忍者則名菩薩摩訶薩畢竟之忍。舍利子，一切諸法非能生，非所生，非已生非現生無有一法是可生起，無生起故則無有盡，若有能知此無盡者，則名菩薩畢竟之忍。舍利子，一切諸法非是有爲，亦非無爲，無有增益無殖無增，亦無長養，無盛無衰，無有作者，無有起者，由無起故亦無有盡。如是忍者，則名菩薩摩訶薩無生之忍。舍利子，菩薩摩訶薩爲阿耨多羅三藐三菩提故，行菩薩行，若有具足成就如是忍者，是名菩薩摩訶薩羼提波羅密多成就。如是等相，是謂勝義安忍。不得能忍所忍及忍法故，超越世間一切諸相不能動故。如是勝義，唯入大地諸菩薩衆乃實證知，諸佛如來究竟圓滿。

言威力者，如菩薩地總說四相：謂諸菩薩修行忍辱，能斷不忍，忍所對治，是名第一。卽此忍辱，能作自己菩提資糧，亦卽能作同事攝事成熟有情，是名第二。由此忍辱拔濟自他大怖畏事，饒益自他，是名第三。由是因緣能令菩薩於當來世無多怨敵，無多離隔，無多憂苦於現法中臨命終時心無憂悔，身壞已後生於善趣天世界中，是名第四。是名忍辱威力四相，此外無有若過若增。如是威力，因果差別，如施戒中說。

諸佛國土；淨穢各異。今此世界，厥號娑婆。娑婆者，堪忍也。五趣雜居，衆苦咸備。惡業所感，不忍不生。能忍衆苦，是以名堪忍焉。我佛大悲，生五濁世。歷劫多生修行羼提，乘大願力來此度生。衆苦轉增，故忍力轉大。忍力轉大。故功德轉深，是以十方諸佛，恆讚此土，如來生五濁世，度難調伏一切衆生，是則爲難，甚奇希有。又說此土修行功德，從旦至暮，無嗔癡心，勝餘淨土百千萬劫淨修梵行。是則此土菩薩，修行萬行，尤應莊嚴安忍力也。所以者何。有情福薄，生活惟艱，衣食所需，動費巨力。猶復風雹災害，飢饉時臻。故無安受衆苦力者，尚自不能修世善法，况能成熟自佛法，成熟他有情也？一切有情，煩惱重故，貪嗔癡慢展轉相陵。恩每相忘，怨則相報。苟無耐他怨害力者，貪嗔往復，共墮三途。出離猶難，况成菩提也？一切有情智慧薄故，邪見轉深。外道異說，實繁有徒。哲學科學，執見尤重。諸無法思勝解力者，謬事迷理，撥無因果，執有我人生者命者，或執斷常上帝主宰，邪見深坑伐異黨同，諍論不息，修行無期也。故生斯世，發菩提心者，必具三忍，道乃可成。由斯安忍，厥功偉也。或謂六度功德，五度皆圓。獨此忍辱，其義未善。於他怨害，一切皆忍，是乃無異獎人作惡。世出世法，立於因果。使世間而無賞罰，出世而無果報，善既無功，惡亦無報，復有何人爲善去惡者？或曰以德報怨何如？孔子曰，何以報德？以直報怨，以德報德。又曰：舉直錯諸罔則民服，舉罔錯諸直則民不服。又曰：天地之大德曰生，聖人之大寶曰位，何以守位曰仁，何以聚民曰財，理財正辭禁民爲非曰義。是故仁以愛之，義以正之，政以行之，刑以威之，然後世可治而人可教也。安有一切忍辱而無流弊過患也哉？曰，子未知夫安忍旨趣所在，而執一端之失以爲難，是未足以爲安忍過也，夫云安忍者，前既明言於艱難境，順受不逆，堅持爲性矣。是則忍者，在能克服一切艱難境界，皆能順而安之，以不失其堅持之力者也。如是艱苦，有從根身世界自然邊起者，則由安受衆苦忍以堅持其志行。有從有情邊起者，則由耐他怨害忍以堅持其慈悲。有從諸法邊起者，則由法思勝解忍以堅持其信解。孟子曰，天之將降大任於是人也，必先苦其心志，勞其筋骨，餓其體膚，空乏其身，行拂亂其所爲，所以動心忍性，增益其所不能。人恆過，然後能改。困於心，衡於慮，然後作。入無法家拂士，出無敵國外患者，國恆亡，是故生於憂患，死於安樂也。儒者何嘗不贊嘆安忍堅持之力哉？孔子之飯蔬食飲水，樂在其中。顏子之簞食瓢飲，在陋巷，人不堪其憂，而不改其樂。安受衆苦忍也。子曰，天生德於余，桓魋其如余何？又曰：道之將行也與，命也。道之將廢也歟，命也。公伯寮其如命何？顏子之犯而不較，孟子之不報橫逆，耐他怨害忍也。孔子曰；篤信好學，守死善道。又曰，朝聞道，夕死可也。法思勝解忍也。儒者之學，窮理盡性以至於命，在在皆見其崇宏安忍之力焉。故曰，樂天知命故不憂，安土敦夫仁故能愛，爲學之要在能安貧苦而守道義。安貧之極，故餓死而可爲。守道之極，故殺身而無惜。餓死也，而貴無所怨。殺身也，而貴從容以就義也。是謂求仁得仁之學，而安命立命之功也。若夫治世之道，善惡不可不分，賞罰不可不明，故有舉直錯諸罔等之說。然此在佛法，亦無背也。具如安忍善慧相中說。以直報怨，義亦準此。君子雖正義明法以肅紀綱而禁暴亂歟？然而何嘗遂謂可以無慈悲之心哉？陽膚爲士師，往見曾子。曾子曰，上失其道，民喪久矣。苟得其情，則哀矜而勿喜。書曰：罪疑惟輕，功疑爲重，與其殺不辜，寧失不經。聖人之敬愼刑罰，曷嘗與申韓同術哉？故曰，刑賞忠厚之至也。孔子曰，道之以政，齊之以刑，民免而無恥。道之以德，齊之以禮，有恥且格。然則政刑非治化之本，緣不得已而用之，亦已明矣。至於敦本厚俗之道，乃在明人倫而崇禮讓。人倫者，父慈子孝，兄愛弟敬，君仁臣忠，夫義婦順，朋友誠信是也。此中蓋須大量安忍之力焉。蓋人之相處，性情不必同也，思想不必同也，志趣不必一也，乃至賢不肖不必齊也。苟無安忍之力，則必多悖逆分崩之患焉。父而不忍，無以成其慈。子而不忍，無以成其孝。兄不忍，無以愛弟。弟不忍，無以敬。君不忍，無以仁。臣不忍，無以忠。夫不忍，無以義。妻不忍，無以順。朋友不忍，無以全交而守信。自古孝子首稱虞舜，豈不以其處頑父嚚母傲弟之家庭，而克諧以孝，蒸蒸乂，不格姦，使瞽叟亦底豫而爲慈父也哉？本是安忍之力，故能燮和天下而乂安萬邦。孔子曰，孝哉，閔子騫，人不間於其父母昆弟之言。自古聖賢，忠臣孝子，所以稱德於後世者，皆以其處人倫之變而克盡忠誠，格回乖否，而昭慈仁忠孝之功也。此非忍辱而何哉？數千年來，仁孝忠恕之敎。禮讓恭敬之風，深入人心。政雖屢變而敎不易。國雖屢亡，而俗不改。故民族生存，歷五胡北魏遼金元清之禍而終得最後之勝利也。獨自西學東漸，挾其戰勝攻取之威以俱來，於是而國人乃失其自信力。故以禮讓爲迂闊，以仁術爲無用，以人倫忠孝爲不自由平等。故乃廢棄儒佛之敎，而獎勵生存競爭之學。然而上則剝削無厭之軍閥，下則刼掠焚殺之亂民，以暴易暴，相逼相侵，乃陷國家於傾亡，陷社會於糜濫，陷人民於火水。而且囂囂然曰以主義相號召，皆謂從吾之道，革人之命，安寧福利美滿人生，均不難旦夕至也。以此自欺欺人，屢試不效，而不知返，可不悲乎？孔子曰，好勇疾貧，亂也。人而不仁，激之以甚，亂也。又曰，小不忍，則亂大謀。又曰，不知命，無以爲君子也。今之革命者，執政者，內戰者，爲兵爲匪，官僚，政客，地痞，游民，皆所謂好勇疾貧者也，皆激不仁之人使爲亂者也，皆不忍小忿而亂大謀者也。至於學者，學儒則好言救國救民，而不知安命。學佛者則好言大雄無畏，而不能忍辱。才氣縱橫，卒多霸氣。求能淡泊明志，寧靜致遠，從容中道，溫柔敦厚，大量有容，與夫慈悲喜捨安忍柔和少欲知足隨順衆生而無我我所者，卒難見之也。夫非大量有容者，安能救國救民？非忘我我所者，安能大雄無畏也？學無實際，徒託空言，是以無益於世也。故吾欲以儒者安命立命之學，與佛法安忍精進之道，與天下共勉之，庶幾乎實學興，眞才出，而世出世間正法有託也。

精進

已說安忍，精進次當釋。辯以十門：一自性，二因緣，三種類，四修習，五平等，六難行，七善慧，八清淨，九勝義，十威力。

云自性者，菩薩地云：謂諸菩薩，其心勇悍，堪能攝受無量善法，利益安樂一切有情，熾燃無間，無有顚倒，及此所起身語意業，當知是名菩薩所行精進自性。

精進因緣者，謂諸菩薩精進種性，是精進因。無上菩提大願，大乘功德淨信，及於有情慈悲哀愍，是爲菩薩精進勝緣。由信與欲，發正勤故。由於有情起慈悲者，長處生死，忍受衆苦，無間不息修正行故。聲聞悲願薄弱，故精進下劣。菩薩悲願廣大，故精進廣大。故此精進，以信願慈悲而爲其緣。

精進種類者，菩薩地云：在家出家，各有三種：一擐甲精進，二攝善法精進，三饒益有情精進。

擐甲精進者，勇士上陣，先擐甲冑。於他劍戟戈矛，一切苦難，無有畏懼，然後乃能勇悍直前，殺敵致果，無退屈故。如是菩薩將欲修行大菩薩行，先當了知生死大海，苦難無邊，一切有情拔濟非易，要當先擐誓甲，大願莊嚴，於此一切都無所畏。發如是願：

若我爲脫一有情苦，以千大刼等一日夜，處那落迦，不在餘趣，乃至菩薩經爾所時，證得無上正等菩提，假使過此百千俱胝倍數時刼方證無上正等菩提，我之勇悍亦無退屈，於求無上正等菩提非不進趣，既進趣已勤勇無間。何況所經時短苦薄？以由發起如是勇悍情進心故，於修行時不畏衆苦，於諸事業不起怯弱，一切苦難不能退還彼菩提心。以是故名擐甲精進。

攝善法精進者，謂此精進，能爲惠施，淨戒，安忍，精進，靜慮，般若波羅密多加行。能成辦施戒忍精進靜慮般若波羅密多以能攝益成辦如是諸善法故，名攝善法精進。如是精進，復有七種：一無動精進，不爲一切內心煩惱貪瞋癡等之所動故，亦不爲彼外境勢力富貴貧賤威武等境之所奪故，又亦不爲外道異論邪說詖辭之所亂故。彼由具斯大威力故說名無動。二堅固精進，由無動故，其心堅固，凡所加行極殷重故。三無量精進，於諸明處一切事業，偏修加行，通達證入廣大無量故。四方便相應精進，於所修習所應得義，由智慧力隨順而行，平等通達故，謂由不緩，亦不急切，少用功力，事業成辦故。五無倒精進，謂於加行不錯用力，貪觀不淨，瞋觀慈悲，乃至觀空無倒，無有惡取，能正對治煩惱隨眠，證法界故。六恆常精進，至誠懇懇無間無斷，加行不息故。七離慢精進，於所修行若得未得，自正了知，不以少得起增上慢，不於證得恃我憍舉，輕蔑他故。由此七種攝善法精進勤加行故，令諸菩薩速能圓滿波羅密多，疾證無上正等菩提。

饒益有情精進者，謂如戒品中說十一種饒益有情事，作他助伴，善說法要等。於是等事，猛利欲樂，勤修加行，無倦不息，恆饒益他，雖遇衆苦曾不稍懈，乃至捨禪定樂，受欲界生；拔有情苦，誓入地獄，諸如是等，是謂饒益有情精進。

云何修習菩薩精進者，謂修精進行者，當自審思：世出世間所有善法，皆緣業力而得生起，非是無因自然而得。用力愈勤，得果則大，如廢功力，果則難期。是故精進，爲衆善本。農人之於稼穡必致勤勞。工人之於所作，必盡心力。天下事安有坐待成功者也？況菩薩之欲成就大願度諸有情者乎？大智度論讚精進偈云：

人有不惜身　智慧心決定，　如法行精進，　所求事無難。　如農夫勤修，
所收必豐實。　亦如涉遠路，　勤行必能達。　若得生天上，　及得涅槃樂，
如是之因緣，　皆由精進力。　非天非無因，　自作故自得。　誰有智慧人，
而不自勉勵，　三界火熾燃，　譬如大火焰，　有智決斷人，　乃能得免離，
以是故佛告，　阿難正精進，　如是不懈怠，　直至於佛道。　勉彊而勤修，
穿地能通泉。　精進亦如是，　無求而不得。　能如行道法，　精進不懈者，
無量果必得，　此報終不失。

菩薩如是觀精進利益，依於自業智力，不作不得作，已不失故，能修精進，除倚賴心，及懈怠心。又觀倚賴懈怠之人，不但所求不成，亦又於理不可，待文王而後興者，凡民也。若夫豪傑之士，雖無文王猶興。大丈夫處世，唯當自奮自勵，卓然自立，安有倚賴他人而能不隨俗轉移日趨下流者也？又諸菩薩，恒持大願，由大願故，進取有爲。觀於

菩提無上功德，超越世出世善，不可思議。苟非勤行精進，何易得也？由此自勉自勵，故能精進。又諸菩薩，觀於世間煩惱雜染束縛有情生死大海沈溺可怖，地獄餓鬼衆苦熾燃。上界諸天，幻樂不堅，無常速至，至於人間。生老病死親愛別離怨憎會遇所求不得，日月推移無非苦者。況又作善者希，作惡者衆。當來大苦，更無有窮，如是正觀，故於世間不起躭著，於五妙欲不行放逸，由是策勵警惕住不放逸，故能勤修精進不懈。又復深觀有情大苦，五趣四生，流轉沈溺。知彼有情，無始時來，皆曾於我互作眷屬，或爲父母兄弟姊妹妻子朋友，相愛相親相憐相惜，無明蔽故而不相知。今我已得正知，視彼猶爾夢夢，煩惱無量，作業無邊，所招衆苦何可量也？觀此生悲，益發精進。譬如世界亂離，家國淪喪，人民失所，流落無歸，如有有情無有父母，亦無妻子，獨身無累，壯健有力，則避難既易，謀生不難，雖不精勤，亦能自濟。又有人焉，上有雙親，下有子女，闔家轉徙，咸賴一身。則此人者，爲欲救其父母子女闔家生命，上報慈恩，下盡父職，則不得不猛勇奮發百倍精進，夙興晚寐，住不放逸，憂深思遠，心不遑安，求食求衣，避禍遠難，然後乃能度濟危困，相慶更生也。如是菩薩視諸有情皆如父母，亦如子女，悲濟之心宏，負荷之任重，焉得而不克苦勤奮精進有爲攝諸善法以利濟羣生者哉。觀苦興悲，由悲生勇，菩薩精進應如是修。又諸菩薩好行布施，由布施故不著財利，好持淨戒，由淨戒故不染嗜欲，修習安忍，由安忍故於苦不動，於怨不瞋，勤修一心，由淨慮故不逐異境，愛樂智慧，由智慧故善識因果，善達方便。由斯等故，能令精進增長廣大。五度皆由精進而成，精進亦由五度而大。德不孤立，道不孤行，修五度故，亦修精進也。又諸菩薩，性多慚愧，慚故崇重賢善，愧故輕拒暴惡。崇重賢善故，勤修善法，輕拒暴惡故，遠離不善。知恥故能勇，修習慚愧，又修習約進之要道也。又諸菩薩，成就大信，至誠倚任，無惑無疑，於佛法僧功德威力深忍樂欲，心淨無染，故能發起大精進行。由信彼故，而希望彼。由希求故，而勤修彼，信爲欲因，欲爲勤因，故修大信，即修精進。又諸菩薩願力無邊，願力無邊故，不生喜足，不因小善小果小證而退精進，其在因中，希求佛果，其在果位，利樂有情，欲無減故，精進無減。又諸菩薩不捨善軛，密護根門，於食知量，勤修悎寤，正知而住，如是故能防護善法，常不放逸。由不放逸，精進圓成。如是種種，皆爲修習精進之方。而精進者，亦爲修習彼彼善法之原動力也、譬如輔車相依，亦如君臣互濟。臣固賴君爲統率，君亦賴臣而成辦事業也。諸有善修如是精進者，徧能成辦精進四業一者離染法故，二者引白法故，三者淨除業故，四者增長智故。離染法者，謂諸菩薩所有精進，能令一切結縛隨眠隨煩惱纏，未生不生，生已斷滅。引白法者，謂諸菩薩所有精進，一切善法未生令生，已生令住，令不忘失，增長廣大、淨除業者，謂諸菩薩所有精進，能令三業皆悉清淨，能攝妙善身語意業、增長智者，謂諸菩薩所有精進，能集能增聞思修慧。當知此卽菩薩地中，一切門精進、精進作業，不出此四門故。由能成就此精進，便能成就無上正等菩提、故諸菩薩，應勤修學。

精進平等相者，謂諸菩薩行精進時，亦不慢緩，亦不急切，恆時相續，從容無間、謂慢緩者，於諸善法不勤修作。過急切者，於諸善法不顧身心力能，過分修作。由過用力故，易致疲勞。易疲勞故，或有令身心疾病，不能修作。或有令心志阻喪，而不復修作者。始勤終懈，易作易輟，難乎其有恆也。故諸菩薩，善審力能，善識因果，誓願堅固而修習從容。不以懈怠而廢其功，不以急切而阻其志。從容故無間，無間故有始有終，有始有終，故功業成辦。彼急切用功者，無亦智有未達，而貪著之情深也？是故菩薩精進，貴得平等。諸大菩薩精進無上，猛厲熾然，視之若非平等者，然非得平等，乃不能有彼熾然也。所以者何？以彼精進純一無雜，無有煩惱爲染著故，是爲菩薩平等精進。又諸菩薩於自佛法，於他有情，平等平等，精進修作。又於他有情，若德若失，若親若疏，若恩若怨，如是等等一切平等，與作利益，精進不懈。又於他有情，有苦無苦，有樂無樂，以慈悲喜捨俱心，精勤利益，是名平等精進。此同安忍中說。

菩薩難行精進者，菩薩地說有其三種：若諸菩薩，無間遠離諸衣服想，諸飲食想，諸臥具想，及己身想，於諸善法無間修習，曾無懈廢，是名第一難行精進。若諸菩薩如是精進，盡衆同分，於一切時曾無懈廢，是名第二難行精進。若諸菩薩平等通達功德相應，不緩不急，無有顚倒，能引義利，精進成就，是名第三難行精進。此如菩薩藏經說：過往刼中，有佛出世，名勝現王。時有長者，名曰善擇，生有二子，兄名律儀，弟住律儀。年俱幼稚，志量出羣。見佛乞食，過其樓下。二子見已，生大信仰，兄弟爭先，向佛皈敬。修大供養，捨俗出家。兄弟黽勉，各發大願，勤行精進，爭先成佛。彼二菩薩，行精進時，於千歲中，無彈指頃，著於睡眠。於千歲中，未曾起念，欲臥欲息，欲坐蹲踞。日止一食，食止一摶。飲水一器。未曾緣念欣樂食心。亦不分別飲食好惡，辛苦鹹淡。於乞食時，一心正念，未曾分別授食者是男是女，是何族姓。居止樹下，不取樹相，所著衣服，未曾再易。於千歲中，未曾一念起欲尋思，及諸恚害親里眷屬承事遊戲一切尋思。未嘗起念，身心驚怖，身心疲倦。未曾起念，懈怠懶惰放逸之心。唯興是念；我今修行阿耨多羅三藐三菩提，何時當證，何時當得？曾不作念，飢寒飽暖，亦不曾說世間無益種種戲論。是二菩薩，如是堅固，勤修精進。時有惡魔，名愚癡念，興壞亂意，於律儀菩薩所經行道，仰布利刃，徧所行處。爾時律儀菩薩於彼刀道，徹失本心生利刃想。適生想已，便卽追悔，發大音聲，再返唱言：咄哉奇事，我今如何住於放逸？如是音聲，徧告三千大千世界。天魔徒黨聞是音聲，咸興讚嘆。彼住律儀，初不聞之。律儀菩薩聞天聲已，奮發堅固大欲精進，復前經行。再轉其心，不緣刀刃。既降魔怨，住如是威儀，行如是妙行，修如是道迹，起如是大悲，興發如是勇猛精進，未曾休廢。彼二大士於彼法中行毗梨耶波羅密多，故俱成就是威儀行迹大悲勇猛。又於千歲住空閑林，修佛隨念。勝現王佛方入涅槃。諸天來告。便往瞻禮。極懷戀慕，深生敬重，目不暫捨。作是念言：如來大悲覆護衆生，同於舍宅，如何一旦遂般涅槃？我等羣生，遽失依怙。立如來前七日七夜，足不離處，不勝哀感，遂立命終。往生梵世，得宿命智。以大神通，從上來下，至涅槃會，爲佛起塔，極世莊嚴，四十千歲，方始成就。心大歡喜，合掌觀瞻，七十千歲，方始致禮。因便命終。俱生贍部洲中大轉輪王家。以宿命智憶往生事，誓住最上不放逸法。捨家修道，二十千歲，勤行精進，誓求菩提。命終以後，復生梵世。於彼命盡，還生贍部。時佛出世，名曰妙香。卽從彼佛，出家學道。滿拘胝歲，精進修行。如是次第，十千如來，出興於世，律儀菩薩皆得值遇。於諸佛所，植衆德本，常勤精進，修行梵行。彼住律儀菩薩，常與其兄，同生一處，修諸聖道。唯於一佛，不修梵行。以是因故，律儀菩薩先得成佛，名曰熾然精進如來。時住律儀菩薩，爲轉輪王，威加四域，福德普被。於熾然精進佛，極起深信，廣興供養。爾時彼佛，爲欲覺悟轉輪王故，說妙伽他，令其憶念。其伽他曰：

若爲證得妙佛法，　勇猛精進最爲上。　貪著五欲諸含生，　凡有所求難果遂。

我昔與汝爲兄弟，　俱發弘誓趣菩提。　爾時競列至誠言，　誰速在初成正覺？

今汝見我證菩提，　汝猶沈溺五欲家。　欲法引苦汝長迷，　離欲清淨聖所讚。

時轉輪王聞佛偈已，生大覺悟。竟不辭妻子，大小王臣，亦不顧戀國邑人民財寶府藏，卽從座起，禮讚如來，發大宏誓，而便出家。勤行精進，證於一生補處。次熾然精進佛，卽證菩提，名曰妙行，應正等覺。一切諸佛，皆以精進修成。故諸菩薩，不應放逸。如是名爲難行精進。又諸菩薩，修行一切難行惠施，淨戒，安忍，禪定，般若。所謂布施眼耳頭顱，國城眷屬乃至爲求法故縱令大火滿三千界直從中過，都無所難，雪山求法半偈亡身。薩陀波崙賣身刺血供養般若及曇無竭。諸如是等，廣說如經。應知一切，皆是菩薩難行精進。其在此邦，神光立雪斷臂安心，亦其流也。昔者玄奘法師之求法於天竺也，當天下之未定，値禁令之森嚴。結伴不成，陳情不許。夜行晝伏，私渡雁門。過五烽而飛箭再及。陟沙河而妖魅頻興。黃沙漠漠，上結迷雲。白骨纍纍，藉識行路。馬入歧途，人覆囊水，四顧茫然，資生路絕。貞心不改，壯志無移。至誠感神，忽得水草。人馬獲濟，乃入伊吾。高昌國王，遣使迎請，禮敬優渥，躬奉盤盂，執意堅留，宣揚大法。受國供養，統馭衆僧。法師固辭，誓以死拒。三日絕食，王心乃回。然後更整行裝，西渡葱嶺。逾大雪山，涉殑伽河。嚴霜烈雪，墮指裂膚。猛獸兇人，圖財索命。法師以堅毅力，慈忍心，逾越險阻，安度艱難。神遊覩史之天。德濟頑惡之賊。化險爲夷，格愚爲善。嗣乃安抵天竺，覲禮羣賢。大乘小乘宗師法將，凡有一端之長，莫不虛心請益，訪道求法，一十七年。前後經歷百三八國。共得經論六百五十七部。勤勞刻苦，等夏禹之惜寸陰。好學慇懃，同善財之參衆德故能敎窮三藏，智周五明。摧伏邪宗，飛聲五印。顯揚聖敎，光被神州。總譯經論，千三百册，竭盡精力，死而後已。宏大業於既往，續慧命於來今。洋洋焉，巍巍焉，其功不可得而稱也。總觀生平，誠願毅力，宏量虛懷，博學多聞，耐勞忍苦，非夫大悲菩薩乘願而來者，安能勇猛精進若斯之盛者哉？景仰高風，五體投地。當今大法衰替，世亂如麻，慧日無光，人失依信。其有以繼往開來饒益有情令法久住爲任者乎？擐大誓甲，修精進行，惟我奘師永爲軌範。

菩薩精進善慧相者，謂諸菩薩由智慧故，所行精進皆應正理，亦皆如量。於自善法，能正攝持。於他有情，能正成就。不因無智精進唐勞。又由智故，尙達方便，少用功力，成就大果。此如布施，設但以財物周濟於人，物有限而功有涯。設以正法敎化，令人自得利濟者，善無盡而功不窮也。如是等相，具如惠施中說。又如淨戒，善識持犯，善淨自心，乃至權行利物等，具如淨戒中說。又如安忍，善達因果，不怨不尤，護自他善，而無過失，乃至外示不忍，成就大悲等，具如安忍中說。又習禪定，善識定相，善知對治，應時止觀，應時舉捨，乃至雖勤修習而不味著，行於欲界利益有情，如是等當於後說。如是等相，皆是菩薩精進善慧相。

精進清淨相者，菩薩地說有十種：一相稱，二串習，三無緩，四善攝，五應時，六通達衆相，七不退弱，八不捨軛，九平等，十迴向大菩提。若諸菩薩，爲諸煩惱極所逼切，爲斷彼故，修習種種相應對治，爲治貪故修習不淨，爲治瞋恚修習慈愍，爲治愚癡觀察緣起，治諸尋思修習息念，爲治憍慢修界差別，如是等是謂相稱精進。於爲住心，已善不修習，積習加行，是名串習精進。已於加行得串習者，更修無間殷重加行，是名無緩精進。若諸菩薩爲住心故，於師所教或自多聞，無倒取境，安住其心，發勤精進，是名善攝精進。若得無倒攝取已，於應止時能正修止，於應舉時能策其心，於應捨時能正修捨，是名應時修習相應精進。若於種種舉止捨相，入住出相，能善了知，能無忘失，能善通達，無間修作，殷重修作，是名通達衆相相應精進。若聞種種廣大甚深不可思議菩薩精進，不自輕懱，心無怯弱，不於所有少分下劣差別證中而生喜足，不求上進，是名不退弱精進。若諸菩薩於時時間密護根門，飲食知量，初夜後夜常勤修習覺悟瑜伽，正知而住，於如是類等持資糧能攝受轉，卽於其中熾然修習，於能引攝無倒義利勤加功用，是名不捨軛精進。若諸菩薩發精進行，不緩不急，平等雙運，普於一切應作事中，亦能平等殷重修作，是名菩薩平等精進。若諸菩薩一切所作無不皆爲迴向無上正等菩提，是名菩薩迴向大菩提精進。具斯十相，精進淸淨。

云菩薩精進勝義相者，謂得現觀聖諦者，以無相行修行精進。如世尊言：菩薩精進，不見身，不見心，身無所作，心無所念，身心一等而無分別。所求佛道，以度衆生。不見衆生爲此岸，佛道爲彼岸。一切身心所作放捨，如夢所爲，覺無所作，是名寂滅諸精進，故名爲波羅密。（大智度論）如是精進，入地少分得，七地無相有功用行無間而轉，已得長時，而未純熟。至第八地，無相無功用道無間而轉，名已成熟。至於佛地，名爲究竟。雖無功用，無所分別，而大悲願力長時精進利益有情窮未來際。

云菩薩精進威力者，菩薩地云：謂諸菩薩住勤精進能斷懈怠精進所治，是名第一。卽此精進能作自己菩提資糧，及所依止，亦卽能作同事攝事成熟有情，是名第二。勤精進故得安樂住，不爲一切惡不善法之所雜亂，後後所證轉勝於前，倍生歡喜，以自饒益，勤修善品，不以身語損惱於他，令他發生精進樂欲以饒益他，是名第三。由此因力，於當來世愛樂殊勝士夫功業，謂由菩薩勤修精進故，發强剛毅，有勢有能，有勇有力，善能引攝羣衆，調御黨徒，敢作敢爲，堪當重任，是故於當來世愛樂殊勝士夫功業，爲君爲師爲帥爲長，治平天下，調伏有情，或作轉輪聖王威四天下，或乃作佛天人中尊，普利衆生功德無盡，是名第四。是名精進威力四相，此外無有若過若增。如是威力，因果差別，如施等中說。

如是已說菩薩精進，諸大菩薩由安忍故，柔温敦厚，大量有容。由精進故，發强剛毅，大勇有力。有容，故攝受一切。有力，故成熟自他。易曰，天行健，君子以自强不息。地勢坤，君子以厚德載物。菩薩精進如天，安忍如地。（天地者，卽健順之相，故曰法相莫大於天地，勿執有一人格之天地。）如天者，雲行雨施，品物流形，大明終始，六位時成，時乘六龍以御天，乾道變化，各正性命，保合太和，乃利貞，首出庶物，萬國咸寧。如地者，坤厚載物，德合無疆，含弘光大，品物咸亨。含弘以容忍之，變化而成熟之，安忍精進之謂也。精進而無安忍，則量不足以攝受徒黨。安忍而不能精進，則力不足以調御羣衆，有慈有威，剛健不拔，而後能利濟羣生，爲世仰賴也。此之謂菩薩之學，此之謂大士之行。又過苦能忍，此君子安命之功。所志必爲，此君子立命之道。不能安命者不能立命，貪夫祇以辱其行，不能立命者不能安命，懦夫所以失其守。安忍而精進，此菩薩所以自度而度他者也。是故安忍之外，精進尙焉。孟子曰，居天下之廣居，立天下之正位，行天下之大道，得志與民由之，不得志獨行其道，富貴不能淫，貧賤不能移，威武不能屈，此之謂大丈夫。又曰，其爲氣也，至大至剛，以直養而無害，則塞乎天地之間。其爲氣也，配義與道，無是餒也，是集義所生者也，非義襲而取之也，行有不慊於心，則餒矣。孔子曰，仁者不憂不懼。又曰，我學不厭而敎不倦也。又曰，其爲人也，發憤忘食，樂以忘憂，不知老之將至云爾。中庸曰，至誠無息，不息則久，久則徵，徵則悠遠，悠遠則博厚，博厚則高明，博厚所以載物也，高明所以覆物也，悠久所以成物也，博厚配地，高明配天，悠久無疆，如此者，不見而章，不動而變，無爲而成。故能經綸天下之大經，立天下之大本，知天地之化育夫焉有所倚？此聖人成己成人，盡性至命之功，至誠無息之道，與菩薩精進之義若合符節也。天下紛亂，人心陷溺，日沉迷於聲色貨利貪欲煩惱之中而不自振拔，泄泄沓沓，視國之亡，家之喪，人民之流離轉徙，社會之濁亂昏霾，而益肆其兇暴以快其私圖，孜孜爲不善，唯日之不足。外貌極其兇橫，而中心極其脆弱，哀莫大於心死，此輩不仁不義而無恥者當之矣。世有本慈愍心，修大士行，本其剛健不拔之精神，而收至誠無息之功業，救世陷溺，振發人心，廓清昏濁，掃蕩淫亂，以復風俗之淸明，天下之平治者歟？大勇精進，吾人不勝歌贊而祝禱之。

靜慮

已說大士精進，次說大士靜慮。別以十門：一自性，二因緣，三品類，四殊勝，五難行，六修習，七善慧，八淸淨，九勝義，十威力。

云何菩薩靜慮自性？菩薩地云：謂諸菩薩，於菩薩藏聞思爲先，所有妙善世出世間心一境性，心正安住，或奢摩他品，或毗鉢舍那品，或雙運道俱通二品，當知卽是菩薩所有靜慮自性。此中心一境性，奢摩他毗鉢舍那等義，俱如解脫道論中釋。此中菩薩藏聞思爲先者，具顯菩薩靜慮所緣作意，與聲聞乘及世間靜慮差別義，由彼所緣作意差別，故當知自性體成差別。如是心一境性所以名靜慮者，靜謂寂靜，顯離散亂，及離煩惱。慮顯心法，異木石等，於所緣境有其勝用。由彼靜而能慮，慮而復靜，心意澄清，光明顯發，能伏諸纏，纏不能擾，威力自在，不爲境奪，是以名爲靜慮也。一切凡夫所以不能明達實相沉迷生死者，以無智慧光明故。智慧不生，由心不靜定故。心不靜定者，由爲煩惱所亂，爲境界所奪故。故修行者欲達諸法實相，必修實智。欲修實智，當先靜心。是故精勤修習禪那，內伏諸纏，外絕亂境。煩惱不起，境界不動，而後心意寂靜，實智生起，故能證諸法實相，而成大覺也。由是菩薩修習靜慮。

因緣者，菩薩靜慮，以菩提心及自靜慮種性以爲其因。以菩薩藏法，及諸有情而爲所緣，亦以實相及諸佛菩薩神通威力而爲所緣。依於聞思修習以爲增上，次第引發。亦依淨戒精進等而得護持，而得發起。此中菩提心爲因者，因於菩提心乃修菩薩禪故。如發解脫心者，修聲聞禪。發世間解脫心者，修世間靜慮無色定。自乘靜慮種性以爲其因，其義易知。以菩薩藏法爲所緣者，緣於菩薩藏法甚深空性，離言實性等，乃修菩薩禪故。以諸有情爲所緣者，緣於有情修四無量心大慈悲等利益有情故。以實相爲所緣者大乘出世根本定心緣實相故。加行後得但緣法致。以諸佛菩薩神通威力爲所緣者，觀彼甚奇希有功德發大乘心修菩薩禪故；亦緣於彼安住靜慮而修習彼神通威力故。依聞思修習以爲增上次第引發者，由聞正法起正思惟，得決定已，然後依彼修習靜慮。修加行已，次得根本。由修無間，次得解脫，由得解脫，次修勝進。依初禪故，修第二禪。依二禪，修三禪，次第乃至修四無色。依世間，修出世。依有漏，修無漏，如是等，是謂依於聞思修習次第引發也。亦依淨戒清淨等而得護持發起者，依於淨戒故，不作諸惡。依於精進故，勤修諸善。不作諸惡故，離諸障礙。勤修善故，心意純一。離障純一故，靜慮得生。論云：具戒士夫，自觀淨戒，便得無悔。無悔故懽，懽故生喜，由心喜故身得輕安，身輕安故便受勝樂，樂故心定。如是顯戒能生定也。又勤精進故，能修止觀，能修作意加行勝進，乃得定心。故非精進，不得定也。故四正勤後於四神足。精進純一，乃能禪定不動也。是故禪定戒爲護持，護持身心令不亂故。精進爲發起，加行不息，發起定故。是故靜慮以淨戒精進等爲護持發起。此云等者，亦取施忍智慧故。當知展轉，皆有護持引發義也。

菩薩靜慮品類者，菩薩地云，略有二種：一者世間靜慮，二者出世間靜慮。此二隨應，復有三種：一者現法樂住靜慮，二者能引菩薩等持功德靜慮，三者饒益有情靜慮。

世間靜慮，如前世間離欲道中廣說。所謂遠離諸欲惡不善法，有尋有伺，離生喜樂，入初靜慮具足安住等。云出世間靜慮者，諸依聖諦實相智俱修得靜慮，無漏無分別故，名出世間靜慮。

現法樂住靜慮者，謂諸菩薩所有靜慮，遠離一切分別，能生身心輕安，最極寂靜，遠離憍舉，離諸愛味，泯一切相，是名菩薩現法樂住靜慮。

能引菩薩等持功德靜慮者，菩薩所有解脫，勝處，徧處，無礙解，無諍，願智，三種神通，十力，四無畏等功德，由定所生，依定而起，故名等持功德。能引如是菩薩等持功德靜慮，是名能引菩薩等持功德靜慮。當知此中，能引能住種種殊勝不可思議不可度量十力種性等所攝等持，一切聲聞獨覺所不能知所不能入，自餘解脫勝處徧處等等持功德，與聲聞共。

菩薩饒益有情靜慮有十一種，謂諸菩薩依止靜慮，於諸有情，能引義利彼彼事業，與作助伴。於有苦者，能爲除苦。於諸有情如理說法。於有恩者，知恩知惠，現前酬報。於諸怖畏，能爲救護。於喪失處，能解愁憂。於有匱乏，施與資財。於諸大衆，善能匡御。於諸有情善隨心轉。於實有德，讚美令喜。於諸有過，能正調伏。爲物現通，恐怖引攝。如是一切，是名菩薩饒益有情靜慮。

如是菩薩靜慮三種，雖各別相，然諸靜慮無有不令身心現法樂住者，由得身心現法樂住故能正引發等持功德，由得種種等持功德故偏能饒益一切有情，凡有所作皆能成辦。然亦自有但自樂住，不利他者，如滅盡定等。依輾轉說，三義可通。依業用說，三業各別。是爲菩薩靜慮種類。

菩薩靜慮殊勝相者，謂諸菩薩所有靜慮，較諸聲聞獨覺靜慮殊勝殊勝，不可比擬。此殊勝者，有其多相：一者菩薩靜慮大悲相應故，普爲度脫一切有情而修靜慮，不如聲聞但求自利修靜慮者。二者勝慧相應故，謂諸菩薩所有靜慮依緣菩薩藏法大智相應，證法實相，俱證二空，不如聲聞靜慮但緣四諦，但證補特伽羅性空故。三者最勝功德相應故，謂諸菩薩靜慮所現種種不可思議神通威力十力種性等，超越聲聞所有功德不可思議故。四者最勝解脫相應故，謂菩薩靜慮俱斷煩惱所知二障，能得菩薩無住涅槃最勝解脫故。五者寂靜最勝，謂諸菩薩所有靜慮，俱斷二障，故最寂靜。又由不住生死，不住涅槃故，雖處世間而不爲世間所惱，長處生死而不爲生死所汙，動而恆定，如是靜慮是爲寂靜殊勝。六者品類殊勝，謂此菩薩靜慮俱有三種安住，利他，能引等持功德種種別故。七者，作業殊勝，謂諸菩薩靜慮，悲智威力咸相應故，能成自佛法，能成熟一切有情，種種作業無窮盡故。如是等，是爲菩薩靜慮殊勝相。如是等相，具如首楞嚴三昧經中顯說。彼經說首楞嚴三昧相云：『何等是首楞嚴三昧？謂修治心，猶如虛空。觀察現在衆生諸心，分別衆生諸根利鈍，決定了知衆生因果。於諸業中，知無業報。（此意謂無作者受者。）入種種樂欲，入已不忘。現知無量種種諸行。常能遊戲華音三昧。能示衆生金剛心三昧。一切禪定，自在隨意。普觀一切所至諸道。於宿命智得無所碍，天眼無碍。得漏盡智，非時不證。於色無色得等入智。於一切色，示現遊戲。知諸音聲猶如響相，隨順入念慧，能以善言悅可衆生，隨應說法，知時非時。能轉諸根，說法不虛，順入眞際，善能攝伏衆生之類，悉能具足諸波羅密。威儀進止，未曾有異。破諸意想虛妄分別。不壞法性，盡其邊際。一時現身住一切佛所，能持一切佛所說法。普於一切諸世間中自在變身，猶如影現。善說諸乘，度脫衆生。常能護持三寶不絕。發大莊嚴，盡未來際，而心未曾有疲倦想。普於一切諸所生處，常能現身隨時不絕。於諸生處示有所作。善能成就一切衆生。善能識知一切衆生。一切二乘不能測量。善能具知諸音聲分。能使一切諸法熾盛。能使一刧作阿僧祇刧，能使一國入阿僧祇國，使作一國，無量佛國入一毛孔，一切衆生示入一身，了知佛土同如虛空。身能偏至無餘佛土。使一切身入於法性，皆使無身。一切法性，通達無相。善能了知一切方便。一音所說，悉能通達一切法性。演說一句能至無量阿僧祇刧。善觀一切法門差別。善知同異略廣說法。善知出過一切魔道。放大方便智慧光明。身口意業智慧爲首。無行神通，常現在前。以四無礙智，能令一切衆生懽喜。現神通力，通一切法性。能以攝法，普攝衆生。解諸世間，衆生語言，於如幻法，無有所疑。一切生處偏能自在，所須之物隨意無乏。自在示現一切衆生，於善惡者皆同福田。得入一切菩薩密法。常放光照無餘世界。其智深遠，無能測者。其心猶如地水火風。善於諸法章句言辭而轉法輪。於如來地，無所障礙。自然而得無生法忍。得如實心，諸煩惱垢所不能汙。使一切水入一毛孔，不嬈水性。修積無量福德善根。善知一切方便廻向。善能變化，偏行一切諸菩薩行。佛一切法，心得安隱。已得捨離宿業本身。能入諸佛祕密法藏。示現自恣遊戲諸欲。聞無量法具足能持。求一切法心無厭足，順諸世法而不染汙，於無量刼爲人說法，皆令謂如從日至食。示現種種癃殘跛蹇聾盲瘖瘂，以化衆生，百千密跡金剛力士常常隨護侍。自然能觀知諸佛道，能於一念示受無量無數刼壽，現行一切二乘儀法，而內不捨諸菩薩行。其心善寂空無有相。於衆伎樂現自娛樂，而內不捨念佛三昧。若見若聞及觸共住，皆能成就無量衆生。能於念念示成佛道，隨本所化，令得解脫。示現入胎，初生，出家，成就佛道，轉於法輪，入大滅度，而不永滅』又說住是三昧禪定波羅密本事果報云:『菩薩住是首楞嚴三昧，雖知諸法常是定相，而示衆生諸禪差別。現身住禪化亂心者，而於諸法，不見有亂，一切諸法如法性相，以調伏心，於禪不動。現諸威儀來去坐臥，而常寂然在於禪定。示同衆人有所言說，而常不捨諸常定相，慈愍衆生，入於城邑聚落郡國，而常在定。爲欲饒益諸衆生故，現所有食，而常在定。其身堅牢，猶若金剛，內實不虛，不可破壞，其內無有生臟熟臟大小便利臭穢不淨。現有所食，而無所入。但爲慈愍，饒益衆生。於一切處，無有過患。現行一切凡夫所行，而實無行，已過諸行。……

現在空間聚落無異，現在居家出家無異。現爲沙門而不自高，於諸外道出家法中爲化衆生，而無所出家。不爲一切邪見所染，亦不於中謂得淸淨。現行一切外道儀法，而不隨順其所行道。又能隨諸衆生所發道意，若聲聞道，若辟支佛道，隨宜示導令得度已，卽復來還度餘衆生。是故大士名爲導師。譬如牢船，從於此岸度無量人令至彼岸，至彼岸已，還度餘人。如是菩薩住首楞嚴三昧，見諸衆生墮生死水，四流所漂，爲欲度脫令得出故，隨其所種善根成就。若見可以緣覺度者，卽爲現身示涅槃道可以聲聞度者，爲說寂滅共入涅槃。首楞嚴三昧力故，還復現身度脫餘人。是故大士名爲船師。……』如是等殊勝禪定功德威力，及彼作業，諸聲聞獨覺尙不能知，何況能入？更非一切世間外道靜慮等持所能思議所可方擬。是爲菩薩靜慮殊勝相。攝大乘論增上心學分以六差別，說此殊勝。一所緣差別，二種種差別，三對治差別，四堪能差別，五引發差別，六作業差別。所緣差別者，以大乘法爲所緣故。種種差別者，謂大乘光集福定王，賢守，健行等三摩地種種無量故。對治差別者，能正除遣阿賴耶識中一切障麤重故，堪能差別者，住靜慮樂，隨其所欲，卽受生故。引發差別者，謂能引發一切世界無礙神通故。作業差別者，謂能振動，熾然，徧滿，顯示，轉變，往來，卷舒，一切色像皆入身中，所往同類，或顯或隱，所作自在，伏他神通，施辯念樂，放大光明，引發如是大神通故。又能引發攝諸難行十難行故。如是諸義，具如釋論中說。

菩薩難行靜慮者，菩薩地中說有三種：若諸菩薩已能安住廣大殊勝極善成熟多所引發諸靜慮住，隨彼欲樂捨彼最勝諸靜慮樂，愍有情故，等觀無量利有情事，爲諸有情義利成熟，故意思擇，還生欲界，當知是名菩薩第一難行靜慮。若諸菩薩依止靜慮，能發種種無量無數不可思議超過一切聲聞獨覺所行境界菩薩等持，當知是名菩薩第二難行靜慮。若諸菩薩依止靜慮速證無上正等菩提，當知是名菩薩第三難行靜慮。又攝大乘說自誓難行等十種難行，卽是菩薩難行靜慮。一自誓難行，謂諸菩薩安住靜慮，而不住彼靜慮安樂，謂爲究竟，誓受無上菩提願故。二不退難行，生死衆苦不能退彼大乘行願，因著靜慮速入滅故。三不背難行，安住靜慮，一切有情雖行邪行而不棄故。四現前難行，安住靜慮，怨有情所現作一切饒益事故。五不染難行，生在世間，不失靜慮，不爲世法所染汙故。六勝解難行，由住靜慮，於大乘中雖未能了，然於一切廣大甚深生勝解故。七通達難行，由彼靜慮俱能通達補特伽羅法無我故。八隨覺難行，於諸如來所說甚深祕密言詞，由住靜慮能隨覺故。九不離不染難行，不捨生死而不染故。十加行難行，能修諸佛安住解脫一切障礙，窮生死際不作功用常起一切有情一切義利行故。如是已說菩薩難行靜慮。

云靜慮修習者，具如解脫道中廣說。謂要依止淨戒，依止多聞，最先淨行調伏煩惱，次修止觀，次修作意，得作意已次第修習四禪四無色定。復由緣四聖諦，離世間欲，證得出世間無漏靜慮。如是諸相，大乘菩薩修靜慮者，與聲聞等等應修學。大由小起，高以下基，非離世間禪能得大乘出世定故。以是因緣，大智度論作如是說：（卷第十七）

問曰，行何方便，得禪波羅密多？答曰，卻五事，五塵除五法，五蓋行五行。五支初禪云何卻五事？當呵責五欲，哀哉衆生，常爲五欲所惱，而猶求之不已。此五欲者，得之轉劇，如火炙疥。五欲無益，如狗齩骨。五欲增爭，如鳥競肉。五欲燒人，如逆風執炬。五欲害人，如踐惡蛇。五欲無實，如夢所得。五欲不久，如假借須臾。世人愚惑，貪著五欲，至死不捨，爲之，後世受無量苦。譬如愚人，貪著好果，上樹食之，不肯時下，人伐其樹，樹傾乃墮，身首毀壞，痛惱而死。又此五欲，得時須臾樂，失時爲大苦，好蜜塗刀，舐者貪甜，不知傷舌。五欲法者，與畜生共，有智者識之，能自遠離。……

除五蓋者，初除貪欲。偈云：

入道慚愧人，持鉢福衆生，云何縱塵欲，
沉沒於五情？著鎧持刀杖，見敵而退走，
如是怯弱人，舉世所輕笑。比丘爲乞士，
除髮著袈裟，五情馬所制，取笑亦如是。
已捨五欲樂，棄之而不顧，如何還欲得，
如是自食吐，諸欲求時苦，得之爲怖畏，
失時懷熱惱，一時無樂時。諸欲患如是，
以何當捨之？得諸禪定樂，

則不爲所欺。欲樂著無厭，以何能滅除？若得不淨觀，此心自然無。
著欲不自覺，以何悟其心？當觀老病死，爾乃出四淵。諸欲難放捨，
何以能遠之？若能樂善法，此欲自然息。諸欲難可解，何以能釋之？
觀身得實相，則不爲所縛。如是諸觀法，能滅諸欲火。譬如大澍雨，
野火無不滅。

次除嗔恚蓋。偈曰：汝當知思惟　受生及處胎，穢惡之幽苦，既生之艱難。
既思得此意，而復不滅嗔，則當知此輩　則是無心人。若無罪果報，
亦無諸呵責，猶當應慈忍，何況苦果劇？當觀老病死　一切無免者，
當起慈悲心，云何惡加物　衆生相怨賊，斫刺受苦毒，云何修善人，
而復加惱害？常當行慈悲，定心修諸善，不當懷惡意，侵害於一切。
若勤修道法，惱害則不行，善惡勢不竝，如水火相背。瞋恚來覆心，
不識知好醜。亦不識利害，不知畏惡道。不計他苦惱，不覺身心疲，

先自受苦因，然後及他人。若欲滅嗔恚，當思惟慈心，獨處自清閑，
息事滅因緣。當畏老病死，九種嗔惱除，如是思惟慈，則得滅嗔毒。
次除睡眠蓋。偈云：汝起！勿抱臭身臥！種種不淨假名人。如得重病箭入體，
諸苦痛集安得眠？一切世間死火燒，汝當求出安可眠？如人被縛將去殺，
災害垂至安可眠？結賊不滅害未除，如共毒蛇同室宿，亦如臨陣白刃間，
爾時安可而睡眠？眠爲大暗無所見，日日欺誑奪人明，以眠覆心無所識，
如是大失安可眠？
次除掉悔蓋。偈云：汝已剃頭著染衣，執持瓦鉢行乞食，云何樂著戲掉法，
既無法利失世樂。
不應作而作，應作而不作，悔惱火所燒，後世墮惡道。若人罪能悔，
已悔則放捨，如是心安樂，不應常念著。若有二種悔，不作若已作，
以是悔著心，是則愚人相。不以心悔故，不作而能作，諸惡事已作，

不能令不作。

次除疑蓋偈云：　如人在歧途，　疑惑無所趣。　諸法實相中，　疑亦復如是。疑故不勤求　諸法之實相。　是疑從癡生，　惡中之弊惡。　善不善法中，生死及涅槃，　定實眞有法，　於中莫生疑。　汝若生疑心，　死王獄吏縛，如獅子縛鹿，　不能得解脫。……

棄是五蓋，譬如負債得脫，重病得瘥，饑餓之地得至豐國，如從獄得出，如於惡賊中得自免濟，安隱無患。行者亦如是，除卻五蓋，其心安隱，淸淨快樂。譬如日月，以五事覆曀：煙，雲，塵，霧，羅睺阿修羅等障，則不能明照。人心亦如是，爲五蓋所覆，自不能利，亦不能益人。是故除五蓋。

行五法者，欲，精進，念，巧慧，一心。行此五法，得五支，成就初禪。此中欲者，謂欲於欲界中出，欲得初禪。精進，謂離家，持戒，初夜後夜專精不懈，節食，攝心不令馳散。念，謂念初禪樂，知欲界不淨，狂惑可賤，初禪爲尊重可貴。巧慧，謂觀察籌量欲界樂，初禪樂輕重得失。一心名常繫心緣中，不令分散。

復次，專求初禪，放捨欲樂，譬如患怨常欲滅除，則不爲怨之所害也。……是謂呵五欲，除五蓋，行五法，得至初禪。

般若說諸法空而不捨方便。此中修禪方便，與小乘及瑜伽完全相同，故節錄如上，以見佛法基礎不可棄捨，兼亦針對後世言大乘禪而棄方便者耳。

如是菩薩已能修得初靜慮已，次更進修第二第三第四靜慮等，具如解脫道中說。已能善修世間靜慮者，依止靜慮緣於大乘相應教法，勤修止觀，除遣諸相，謂或依止唯識門故，或有依止眞空門故，或有依止實相門故除遣諸相，悟入眞如。依止唯識門者，如說頌曰：

菩薩於定位，　觀影唯是心。　義相既滅除，　諦觀唯是想。　如是住內心，
知所取非有。　次觀能取空。　後觸無所得。

依止眞空門而修習者，如解深密經說：

世尊，如是了知法義菩薩，爲遣諸相，勤修加行，有幾種相難可除遣，誰能除遣？善男子，有十種相，空能除遣。何等爲十？一者了知法義故，有種種文字相，此由一切法空能正除遣。二者了知安立眞如義故，有生滅住異性相續轉相，此由相空，卽無先後空，能正除遣。三者了知能取義故，有顧戀身相，及我慢相，此由內空，及無所得空，能正除遣。四者了知所取義故，有顧戀財相，此由外空，能正除遣。五者了知受用義男女承事資具相應故，有內安樂相，外淨妙相，此由內外空，及本性空，能正除遣。六者了知建立義故，有無量相，此由大空，能正除遣。七者了知無色故，有內寂靜解脫相，此由有爲空，能正除遣。八者了知相眞如義故，有補特伽羅無我相，法無我相，若唯識相，及勝義相，此由畢竟空，無性空，無性自性空，及勝義空，能正除遣。九者由了知清淨眞如義故，有無爲相，無變異相，此由無爲空，無變異空，能正除遣。十者卽於彼相對治空性作意思惟故，有空性相，此由空空能正除遣。……

依止實相門而修習者，如瑜伽師地論眞實品中廣說由四尋思，四如實智，通達諸法離言自性，了知名唯是名，事唯是事，自性唯是假立，差別唯是假立，了知諸法猶如變化，影像，響應，光影，水月，燄水，夢幻，等非有非無，非一非異等。

諸菩薩依止於定由修如是唯識眞空實相等大乘止觀法門，故除遣諸相，證得眞如，名爲見道。由得此故，名入菩薩正性離生，生如來家，證得初地。此時乃爲證得菩薩出世靜慮無漏定慧。由離世間諸相分別而得生故，故名正性離生。亦如世間初靜慮定，由離諸欲惡不善法而生起故，名離生喜樂等。

如是菩薩已得菩薩正性離生出世靜慮已，次入修道。於修道中，漸次修習後後勝妙廣大無量諸出世定，所謂大乘光明集福定王虛空藏首楞嚴等。此諸妙定，各別修習。且如首楞嚴三昧經中說首楞嚴三昧修方便云：

菩薩欲學首楞嚴三昧，先當學愛樂心。學愛樂心已，當學深心。學深心已，當學大慈、學大慈已，當學大悲。學大悲已，當學四聖梵行，所謂慈，悲，喜，捨。學四聖梵行已，當學報得最上五通，常自隨身。學是通已，爾時便能成就六波羅密、成就六波羅密已，便能通達方便。通達方便已，得住第三柔順忍。住第三柔順忍已，得無生法忍。得無生法忍已，諸佛授記。諸佛授記已，能入第八菩薩地。入第八菩薩地已，得諸佛現前三昧。得諸佛現前三昧已，常不離見諸佛。常不離見諸佛已，能具一切佛法因緣。具足一切佛法因緣已，能起莊嚴佛土功德。能起莊嚴佛土功德已，能具生王家種姓入胎，出生。能具生王家種姓入胎出生已，能具十地。具十地已，爾時便得受佛職號。受佛職號已，便得菩薩一切三昧。得一切菩薩三昧已，然後乃得首楞嚴三昧。得首楞嚴三昧已，能爲衆生施作佛事而亦不捨菩薩行法。菩薩若學如是諸法，則得首楞嚴三昧。菩薩已得首楞嚴三昧，則於諸法無所復學。何以故？先已善學一切法故。

如是已說菩薩靜慮修習。多聞淨戒以爲其本，世間靜慮以爲其依，大悲大願以爲其因，大止妙觀以爲其門，諸地差別以爲其序，如是漸次而得圓滿。諸發心者應正了知如是方便，乃於加行不唐勞耳。

所謂菩薩靜慮善慧相者，謂諸菩薩先由聞思慧故，於定方便於定資糧善知善達，善修習已，便能如應勤修止觀，勤修作意。依於如是止觀作意，便能隨順速得靜慮。得靜慮已，又能於定不生愛味，不起高慢，及諸邪見。故能輾轉更求勝進，捨下靜慮，修上靜慮，捨於世間，修出世間。謂依唯識，空性，實相等智，簡擇作意，勤加行已，如如引發寂靜輕安勝奢摩他，依是勝妙奢摩他故，如如引發最極簡擇毗鉢舍那。如是如是輾轉勝進故，漸漸成就止觀雙運道。最後乃至得出世心。如是名得出世靜慮。得出世靜慮已，輾轉修習勝慧止觀，乃至成佛。如是一切皆依於慧。又依慧故，修六神通，方便善巧，成多功德。又依慧故，善知諸定出入方便，順超逆超，皆得自在，故能示現生死而無染汙，安住寂靜成諸事業。如是一切皆依於慧。凡夫外道無善慧故，雖得定心，愛味慢見，成種種過。聲聞獨覺得出世定，由無菩薩大智慧故，速盡生死，速入涅槃，不能成就無量功德，普度有情，成大悲願。亦自不能成就如來無上菩提，大般涅槃。是故菩薩殊勝靜慮皆依於慧。或謂戒定慧三次第引發，由定故生慧，何故說言菩薩殊勝靜慮依止慧耶？曰，修所成慧，定依靜慮，聞思之慧，不盡依定。由聞思慧，修戒定已，由是而得殊勝修慧。由慧殊勝，定亦殊勝。此二相關，如車兩輪也。當知六度皆依慧成，是固不止殊勝靜慮依止善慧而已。

菩薩靜慮清淨相者，菩薩地中說有十種：一者由世間淨，離諸愛味清淨靜慮。二者，由出世淨無有染汙清淨靜慮。三者，由加行淨，清淨靜慮。四者，由得根本淨清淨靜慮。五者，由根本勝進淨清淨靜慮。六者，由入住出自在淨，清淨靜慮。七者，捨靜慮已，復還證入自在淨，清淨靜慮。八者，神通變現自在淨，清淨靜慮。九者，離一切見趣淨，清淨靜慮。十者，一切煩惱所知障淨，清淨靜慮。世間靜慮由四種惑令不清淨。一由愛味貪著靜定輕安樂故。二由於見謂依靜慮發起計度先際等見，亦由執取爲涅槃故。三由於慢，依證勝定起高慢故。四由無明，求解脫者由未通達眞實道理，於勝品所證常生疑惑爲解脫耶，不解脫耶？如是煩惱恆染其心，令色無色大小二惑相續流轉。菩薩住世間定而無有此愛慢等惑，是故清淨。出世靜慮無有煩惱所染汙故，名出世淨。以體無漏，對治染汙故，離一切見趣淨者，謂見道所斷諸惑淨故，遠離一切分別見趣。一切煩惱所知障淨者謂修道所斷諸惑淨故，永斷二障俱生諸惑。當知靜慮有二種清淨：一離煩惱故名爲清淨。二由修習成熟圓滿離定障及得自在故，名爲清淨。此中世出世淨見淨二障淨者，謂離煩惱。加行根本勝進淨，及三自在淨者，謂修習成滿離諸定障及得自在。

菩薩靜慮勝義相者，謂卽菩薩出世靜慮，二障俱空，諸相皆遣，不取一切相，不取靜亂相故。菩薩藏經云：『菩薩摩訶薩依靜慮波羅密多故，雖行大慈而恆觀無我，雖行大悲而知無衆生，雖行大喜而知無命者，雖行大捨而知無數取趣，雖廣行大施而心恆調順，雖緣淨戒而心恆寂靜，雖隨辱行忍而心無窮際，雖勤行精進而心能簡集，雖入諸靜慮而正心觀察，雖徧行智慧而心無所行。……』又大智度論云：『菩薩不取亂相，不取禪定相，亂定相一故，是名禪波羅密。如初禪相，離欲除蓋，攝心一處，是菩薩利根智慧觀，故於五蓋無所捨，於禪定無所取，諸法相空故。』又諸菩薩以無所依而修靜慮，故名勝義靜慮。此如瑜伽師地論眞實品中言：『又佛世尊，爲彼散他迦多衍那作如是說：散他比丘，不依於地而修靜慮，不依於水，不依於火，不依於風，不依空處，不依識處，不依無所有處，不依非想非非想處，不依此世他世，不依日月世主光輪，不依見聞覺知，不依所求所得，不依意隨尋伺，不依一切而修靜慮。云何修習靜慮？比丘，不依於地而修靜慮，廣說乃至不依一切而修靜慮。散他比丘，或有於地除遣地想，或有於水除遣水想，廣說乃至或於一切除一切想，如是修習靜慮。比丘不依於地而修靜慮，廣說乃至不依一切而修靜慮。如是修習靜慮比丘，爲因陀羅，爲伊舍那，爲諸世主，幷諸天衆，遙爲作禮而讚頌曰：　敬禮吉祥士，　敬禮士中尊，　我今不知彼，依何修靜慮。……』掌珍論中，復作是言：『雖勤修習無倒空觀，而於空性終不作證，如是名爲勝義靜慮。如世尊言：雖修靜慮，然不依色而修靜慮，如是不依受想行識而修靜慮，不依眼耳鼻舌身意而修靜慮，不依色聲香味觸法而修靜慮，不依於身分別安住而修靜慮，不依於心分別安住而修靜慮，不依於地水火風界而修靜慮，不依於空日月星宿而修靜慮，不依帝釋梵王世主而修靜慮，不依欲界色無色界而修靜慮，不依此世及以他世而修靜慮，不高不下證住無動而修靜慮，不依我見而修靜慮，如是不依有情命者養育士夫補特伽羅及以意生摩納婆見而修靜慮，不依斷常有無有見而修靜慮，不爲漏盡而修靜慮，不爲趣入正性離生而修靜慮，不爲證果而修靜慮，不爲畢竟無所造作而修靜慮，雖爲修習無倒觀空而修靜慮，然於空性而不作證而修靜慮。』如是顯示勝義靜慮，諸經論中，處處宣說，

菩薩靜慮威力者，菩薩地中說有四相：謂諸菩薩入靜慮時，能斷煩惱語言尋伺喜樂色想等隨煩惱，靜慮所治是名第一。即此靜慮能作自己菩提資糧，及所依止亦即能作同事攝事成熟有情，是名第二。現法樂住以自饒益其心寂靜，是極寂靜，遠離

貪愛，於諸有情無損無惱以饒益他，是名第三。由此因緣智得清淨，引發神通，於當來世生淨天處得靜慮果，是名第四。

復次菩薩依止靜慮引發神通，所謂神境智作證通，隨念宿住智作證通，天耳智作證通。見生死智作證通，知心差別智作證通，漏盡智作證通，總六神通。是六神通所有威力，皆依靜慮起，當知卽是菩薩靜慮威力也。神境智作證通者，謂能變能化種種境界，神妙叵測，故名神境。由智作證，成辦通達，故名神境智作證通。或又略名神境智通，或神境通也。餘皆準此。此神境通略有二種：一者能變通，二者能化通。變有十八種：

一震動，依定自在，普能震動寺館舍宅村邑聚落城郭國土地獄餓鬼傍生人天五趣世界，一四大洲，一千二千三千大千世界，乃至無量無數三千大千世界故。　二熾然，依定自在身上發火，身下注水，身下發火，身上注水，入火界定舉身洞然，徧諸身分出種種燄，靑黃赤白紅紫碧綠頗胝迦色，是名熾然。　三流布，流布光明，隨量大小，乃至無量世界皆充滿故。　四示現，隨彼所化沙門，婆羅門，聲聞，菩薩，天，龍，藥乂，人非人等，示現下諸惡趣上諸天界，或餘佛土諸佛菩薩種種境界，令悉見聞現證知故。　五轉變，或於地起水勝解，或於水起地勝解，如是乃至於火風等起餘大解，即隨所欲而轉變故。轉變地等爲水火風等，轉變水火風爲地等。色香味觸等隨欲轉變亦復如是。又於大地轉變金等，或於金寶轉變糞穢。轉變好色有情，令成醜惡。轉變醜惡，令成姝妙，如是一切，皆隨欲故。　六往來，於諸牆壁山石等中，縱身往來，無有滯礙。廣說乃至往來梵世上至色究竟天。或復傍於三千大千世界，若往若來，皆無礙故。　七卷，八舒，能卷一切雪山王等如一極微，舒一極微令如雪山故。　九衆像入身，依定自在，能以種種現前大衆，及諸村邑大地山林，內己身中故。　十同類往趣，隨彼所化一切有情，若刹帝利婆羅門等，若天若神，皆隨其類，同彼色相，似彼言音，如彼名義，而爲說法，示現教導，讚勵慶慰。化事既終，欻然隱沒。沒後時衆迭相顧言，不知沒者天耶人耶？是名同類往趣，隨類現身而應化故。　十一顯，十二隱，於大衆前隱沒自身，或復顯現，令人不測而化導故。　十三所作自在，普於一切諸有情界，往來住等所作事中，皆自在轉。

令去卽去，令住卽住，令往卽往，令來卽來，令語卽語，咸自在故。　十四制他神通，謂諸上地菩薩，其神通力能徧制伏下地菩薩，或聲聞獨覺及外道等所有神通。　十五能施辯才，於諸有情辯才窮盡，能與辯才令不窮故。　十六能施憶念，於法失念，令生憶念故。　十七能施安樂，於聽法者令離諸蓋，身心輕安，能專聽法。又能息除非人所作災癘疾疫，令諸有情離諸損害故。　十八放大光明，身放光明往十方界，或令諸惡趣蒙光息苦，或令威德天龍八部蒙光覺悟，皆來集會，或令餘方諸大菩薩蒙光來會，成辦無量有情利益事故。如是種種神通，以能轉變餘有自性物令成餘物，故名能變神境智通。　能化神境智通者，無事而有，是名爲化。能以化心，隨其所欲，造作種種未曾有事，故名能化神境智通。此又三種，謂化身，化境，及化語故。化身化境者，化似自身，或不相似。化似他身，或不相似。如是化身，但能化彼與根相似，根所依處，而非實根，以實根不能化故。復能化作相似境界，謂飲食等，末尼眞珠，瑠璃寶等，所有色聲香味觸，所攝外資身具，或似或否，一切隨欲皆化令成。又所化身衆多差別，或作天龍八部色相，或作人畜鬼獄色相，或作聲聞獨覺菩薩如來色相。又諸菩薩，於一時間，能化多身種種形像，於十方面無量世界作諸佛事，利樂有情。又彼所化，或有暫時成事便息。或有隨諸佛菩薩住持力故，雖涅槃後，而故隨轉。或所化事，唯令衆生覩見而已，如幻所作，不堪受用。或復化作飲食珍寶與實無異，令諸衆生常得受用。如是一切是名化身及化境界。化爲語者，或有化語，妙音相應。或有化語，廣音具足。或所化語，繫屬於自。或化屬他。或無繫屬，自空中出。或有化語，宣說正法。或有化語，誨責放逸。如是三種化身化語，及化境界，是爲菩薩能化神境智通。 如是二種神境智通，能辦二事：一者引諸衆生入佛聖敎，二者惠施無量受苦衆生衆多品類利益安樂。

隨念宿住智通者，謂諸菩薩，以宿住智，自能隨念己之宿住，一生，二生，乃至百千萬億無量生中，生於何趣，名於何等，造何種業等。亦能隨念他諸有情宿住等事。又能令他得宿住智，能自隨念前際所經，生起正見，現證因果，勤修正法。於現法中，又能隨念諸微細事，凡所造作，及所思惟，皆無忘失。又能隨念無間刹那，次第所作，又能隨念，有量有數宿住差別；所知時節，可算數故，又能隨念無量無數不可數知時刼中事，此宿住智於如是處，如是類，如是量，隨其所欲皆無礙轉。又由宿住智通，憶念本生，爲諸有情開示先世種種品類第一希有菩薩所行難行苦行，令於佛所生淨信故，起恭敬故。令於生死生厭離故。又由此智，憶念本事，爲諸衆生開示種種先世相應業果異熟，爲令妄計前際常論，一分常論，常見衆生，破除常見。

天耳智通者，謂諸菩薩以淨天耳，能於種種天聲，人聲，聖聲，非聖聲，大聲，小聲，辯聲，非辯聲，化聲，非化聲，遠聲，近聲，皆悉得聞。如是諸聲相者，具如菩薩地說菩薩徧能聽聞無量無邊一切世界此諸聲音。

見生死智通者，謂諸菩薩以超過人清淨天眼，見諸有情死時生時，妙色惡色，若劣若勝，及於後際生已增長諸根成熟身諸所作，善惡無記差別而轉。又現見知諸光明色，諸微細色，諸變化色，諸淨妙色，下至無間，上至色究竟宮，不由作意皆能見知。由作意時，能見上下無量無數餘世界色，亦能見傍無量無數諸世界色，乃至能見彼彼佛土，彼彼如來，安坐彼彼異類大會，宣說正法，顯然無亂。又諸菩薩，以淨天眼，普見十方無量諸有情類身之所作，淨不淨業。既見彼已，隨其所應，隨其所宜，施作種種利益安樂。以淨天耳普聞十方無量無數諸有情類語之所作，淨不淨業。既聞彼已，隨其所應，隨其所宜，施作種種利益安樂。是爲菩薩天眼天耳之所作業。

知心差別智通者，謂佛菩薩，以他心智徧知十方無量世界他有情類，若有纏煩惱心，若離纏煩惱心，若有隨縛有隨眠煩惱心，若離彼心。又徧了知有染心，邪願心。謂諸外道心，及有愛染心。又徧了知無染心，正願心，謂與上相違心。又徧了知劣心，（欲界心）中心，（色界心）勝心。（無色界心）樂相應心，苦相應心，不苦不樂相應心。又知他心體性品類，行相分齊，或一或多，有情心起，於一念傾，皆如實知。又知有情諸根勝劣，種種勝解，種種界行，隨其所應，能正安處趨涅槃宮種種正行。是爲他心智通所有作業。

漏盡智通者，謂佛菩薩，如實了知煩惱盡得，如實了知若自若他於諸漏盡已得未得，及彼能得漏盡方便，及非方便。又了知他，於漏盡得有增上慢，或離彼慢，又諸菩薩，雖能如實了知一切漏盡功德能證方便而不作證。是故菩薩，於有漏事，及與諸漏，不速捨離，雖行種種有漏事中，而不染汙。如是威力，於諸威力最爲殊勝，又佛菩薩由漏盡智自無染汙，亦善爲他廣說分別說，壞增上慢，當知是爲此所作業。

如是菩薩神通威力，於其粗相，與諸聲聞獨覺等共，然諸菩薩神通威力，廣大無邊，凡所應作利有情事，皆悉能作。聲聞獨覺唯爲調伏一身而修正行，故彼所作，微少狹小，或多不作。菩薩威神，非彼境界。此如無垢稱經無垢稱菩薩廣現廣說住不可思議解脫菩薩不可思議神力已，尊者大迦葉波，嘆未曾有，語舍利子言：譬如有人，對生盲者，雖現種種差別色相，而彼盲者都不能見，聲聞獨覺，皆如生盲。於不可思議菩薩所有神力，乃至一事亦不能了。焦芽敗種，永不能作。皆應號泣，聲震三千大千世界。諸聲聞等於菩薩神通，尙不能得，況餘天人外道等衆，故諸有情，聞說菩薩如是神通威力，皆應發起無上菩提之心。於諸殊勝靜慮等持，應勤修學。

如是神通有其原理，有其方便，茲非專論，故不及詳。詳而明之請俟異日。如是已說禪定波羅密竟。

智慧

梵云般若，此云智慧，於所觀境簡擇決斷爲性。所觀境者，謂所觀察事理境界。簡謂簡別是非。擇謂決擇邪正。決斷者決定裁斷彼彼是非邪正事理，無疑惑故雖諸智慧於所觀境並以簡擇決斷爲性，然彼簡擇有謬非謬，彼所決斷有執非執。由斯智慧，染淨善惡種種差別。世出世間漏無漏等，又各不同。雖同出世，體並無漏，而三乘智慧，又各懸殊。如是等相，義應廣辨。

云惡慧者，謂卽世間諸邪見者，執斷執常，我及無我，無因無果，邪因論等，種種僻執。如廣說之六十二種。雖有所觀，邪觀非正。雖有所見，謬執非眞。由彼妄執，轉造諸惡。是故彼慧，名爲惡慧。

善慧異此，由於正理，不邪解故善識因果，無顚倒故；簡擇當理，决斷無謬，由斯能起一切善業是故此慧名爲善慧。

雖諸善慧皆當正理，然所觀理種種差別，故諸善慧又各不同。謂正理者，卽是眞實。然此眞實有其四種所謂世間極成眞實，道理極成眞實，煩惱障淨智所行眞實，所知障淨智所行眞實。有於世間極成眞實道理極成眞實善抉善知正見不謬者，如斯善慧，但是世間，體唯有漏。有於煩惱所知二障淨智所行眞實善抉善知實證無謬者，如斯善慧名出世間，體是無漏。然於煩惱障淨智所行眞實，實證明了慧，是聲聞獨覺慧。於所知障淨智所行眞實實證明了慧，是爲菩薩如來慧。此二種慧，又各懸殊此中四眞實義，如瑜伽眞實品中廣說。謂世俗共成眞實義理名爲世間極成眞實。道理極成眞實謂由現比至教正道理義，抉擇證成，所有眞實。煩惱障淨智所行眞實，謂卽四聖諦理，無常苦空無我等十六聖行，所有眞實。俱如解脫道論中說。所知障淨智所行眞實，謂眞如法界法性，空性，實際，勝義，等名言所顯眞實。

菩薩般若波羅密多，以何為體？，曰以出世無漏，所知障淨智所行眞實實證明了慧，以為其體。謂卽大乘無分別智。

如是大乘無分別智，攝大乘論增上慧學分，總以二十五頌，十六門分別。謂自性、所依、因緣、所緣、行相、任持、助伴、異熟、等流、出離、至究竟、加行無分別、後得勝利、差別、無分別後得譬喻、無功用作事、甚深等，如是諸相今依彼論次第辯釋。

所謂大乘無分別智自性者，頌曰：

諸菩薩自性，　遠離五種相，　是無分別智，　不異計於眞。

論云：此中無分別智，離五種相以為自性。一離無作意故，二離過有尋有伺地故，三離想受滅寂靜故，四離色自性故，五離於眞義異計度故。離此五相，應知是名無分別智。

謂由此智，體相甚深，難以世俗語言詮表其性，故以離五種相而顯其體。一離無作意，諸心心法皆由作意為先而起分別，此智既無分別，得非無有作意故耶？，答無分別智，非無作意。作意雖有，而無分別。設異此者，熟眠，醉悶，無作意故，應成無分別。二離過有尋有伺地，於意言境淺深推度是名尋伺。由尋伺故，於諸事理，有所分別。此智無分別，將非過有尋有伺地耶？（有尋有伺地者，謂欲界初禪。過是以上二三禪等，皆無尋伺，故名過有尋有伺地。）答，離過有尋有伺地。設謂二禪以上卽是無分別智者，云何經說三界心心所皆虛妄分別？以彼世間體唯有漏故？無分別智不同於彼。三離想受滅寂靜，滅盡定中想受不行，名想受滅寂靜，由彼故無分別此無分別智，將非卽彼想受滅寂靜耶？答，不同彼。謂諸聖者，厭諸勞務，止息想作意爲先，入滅盡定。彼定唯息勞倦，無別作用。此無分別智，實證眞如，能斷二障，智用無上，云何同彼滅盡定耶？且想受既滅，智體亦無，云何得成無分別智？四離色自性，色自性者，謂無分別。此智無分別，將非卽色性耶？答異於彼。彼色自性，頑鈍無思，云何能有實證現觀諸法性義？此智現觀實證法性，故此智性，不同於色。五離於眞義異計度故，或謂此智既非無作意，又離過有尋伺地，非同滅盡定，亦非色自性，將非於眞實義起異計度耶？答，此無分別智，非於眞義起異計度。所以者何？設異計度，成分別故。此無分別，故無計度。如是此智五相旣遣，卽此自體實相可知。謂如是智如理作意之所引生，超過三界，體唯無漏，現觀諸法，斷除諸障，體用深廣，不可思議。由於眞義現觀實證，都不生起分別計度，由斯說名無分別智。云現觀者，智爲能觀，眞義所觀，能觀所觀，二俱現前，親證取故，不待思量分別計度，故名現觀。卽此現觀，又名實證。不同聞思所成智慧，雖於眞義都無謬解，然由信解比度知故，不名現觀，不名實證。卽彼智體，是有分別。故唯此智，名無分別。如是已說此智自性。所依云何？頌曰：

諸菩薩所依，　非心而是心，　是無分別智，　非思義種類，

諸慧所依，所謂心也。然心以思量爲體性故，此智應成有分別也。故此頌言諸菩薩所依，非心而是心。非心者，體無分別，絕思量故。而是心者，智證明了，現觀諸法，異色性故。非思義種類者，二釋俱云此智所依由非思議故，非是心，然異色故，由心爲因，數習勢力所引生故，而亦是心，名心種類。然則此智所依，果是心耶，果非心耶？曰，實是心。

然與彼智同是無漏，無有分別，出過世間心，故名爲非心。卽顯此智所依，爲出世間心也。

此智因緣者，頌曰：

諸菩薩因緣，　有言聞熏習，　是無分別智，　及如理作意。

謂此智以多聞熏習如理作意以爲因緣，謂諸菩薩，由於諸佛諸大菩薩大乘法藏，親近多聞熏習力故，於大乘教引生正見。卽彼聞熏正見爲因，起正思惟，如理作意。卽由如理作意極善修習故，遠離一切顚倒妄見，伏除一切分別所起我法二執，由是次第引生出世無分別智。是故說言，多聞熏習，如理作意，爲此智因。頌中「有言」，謂此多聞如理作意，皆以語言文字爲境。由所聞者，唯是言故。又所思者，意言境故。語言文字唯分別境，云何能與無分別智爲因緣耶？由正言境，遣邪言境。由於彼彼世間戲論，漸次除遣，都無執故，次於聞熏作意意言，亦復除遣。由斯便能引發出世無分別智。由彼能違世間戲論，及能隨順離言境故。於彼聞思，故能引發無分別智。此中因緣，謂引發增上，非謂親生彼智種子，自有無漏法爾種子爲彼因故。

此智所緣者，頌曰：

諸菩薩所緣　不可言法性，　是無分別智，　無我性眞如。

謂此菩薩無分別智，以不可言法性，及無我性，所顯眞如以爲所緣。

云何名爲不可言法性？謂一切法，所有自性，皆不可言。離言之性，爲法自性。是故說名不可言法性。

云何應知諸法自性皆不可言？以諸言說，皆不能得法實性故。云何知然？謂若名言能得諸法自性者，應彼名言自性，卽是諸法自性。設爾，應於彼彼名言未施設前，彼彼法中先已具有名言自性。譬如靑白紅黃，吾人名之爲色。設此色性，卽彼自性者，應彼色性爲彼赤白紅黃本具之性。旣爲彼本具之性，卽應不待名言施設，現智生時覺彼爲色。設爾，何故小兒初生，未解名者，但覺赤白紅黃，不覺色性耶？更進言之，卽赤白紅黃之名，亦屬後起。現智所證，唯有赤白等覺，不覺彼赤白等名也。又如小兒初生，未爲立名，則但覺有此小兒，不覺此小兒爲大牛爲小狗也。待旣立之名，或爲大牛，或爲小狗，則一見彼兒卽便覺彼爲大牛爲小狗耳。人雖有名，未知彼名者，亦但覺有此人，而不覺其爲張三李四也。及旣知彼名，則一見此人便曰：此張三，此李四也。於是執彼人實爲張三實爲李四，便覺此張三李四之名爲得彼人之自性也者。然而未立之名，未知彼名時，無是覺也。由彼名前無彼覺故，故知名言自性，不得法之實性。設謂諸法先無有性，由名言故卽有自性，故諸法自性卽名言性。若爾，先無性故，名言無依。旣失所依，云何起名？名尙不起，何由而得有彼名言性耶？譬如要覺有紅黃等色，乃立彼紅黃等名。依彼紅黃等名，乃覺有紅黃等性。旣無紅黃等色，何起彼紅黃等名？更何由執紅黃等性？如是人尙不有，何處施設張三李四之名？名且無施，云何執有張三李四之實性者？故說自性依名而起，理亦不成。又諸法性卽名言性者，卽於一法有多名故，應彼一法自性成多。或隨名言施設有異，自性變異。譬如於慧，又名爲智，又名爲觀，又名爲見，又名爲明，又同是識，又名爲心，又名爲意，又名了別。卽一眼根，又名爲目，或名能見。外如此等，不可勝舉。然不可說，彼法自性，有其多種。又如於人名曰伯牛，或名花狗，或名良駒。或名喬松，或珊瑚，或碧玉，豈彼人者卽隨彼名成於禽獸木石等耶？諸如是等，皆可證知一切名言不得法自性。名言自性，唯是名言。彼與實法，極相違耳。如是等義，具如瑜伽眞實品中廣說。若爾，名言以何爲性？曰，彼名言者，但以呼召標幟爲性，令諸有情依是可生種種分別。如有呼水，他以濕來。餘時說火，他以煖來。故此名言，能於實法，立之標幟，及便呼召。然雖說水，體不爲濕。雖說於火，口不被燒。故水火等名，非卽水火等。然諸世間由名言故，執有實體，如聞美饌，口舌流涎。如聞美色，精液下注。聞他富厚，健羨貪求。聞說權勢，鑽營奔競。聞說上帝，神天，宗仰禮拜乃至迷主義者，妄想自由平等，黃金時代之來臨，起殺盜業，增貪瞋癡。其役役於名言妄想而不知返，以日趨陷溺者，比比然也。或謂一切諸法因言詮表，由詮表故乃能了達諸法自性差別，由是乃有知識智慧，亦於人羣乃能情意相通思想互達。令都無言說文字者，知識智慧何由而起？情意思想何由而通？如是人類應同禽獸蟲魚耳。由是可知，言說之用至大，不可非難廢棄也。曰，吾所言者，勝義實性。汝所言者，世俗功用耳。立論不同，故不相難。雖然，卽此世俗之用，實乃功少而害多。所以者何？迷實性故，便增妄執。妄執增故，起貪瞋癡。由是造業受果，生死流轉不絕。吾人固知言說之用，於世至大且宏。又復當知世間有情流轉皆苦。以彼言因，貿彼苦果。是故聖人寂滅離言涅槃解脫爲最勝耳。云何應知由言說故便迷實性增妄執起煩惱業受生死苦耶曰，此如瑜伽菩薩地眞實品中說：一切愚夫，由於如是離言實性所顯眞如不了知故，從是因緣，八分別轉，能生三事，能起一切有情世間及器世間。八分別者，一自性分別，二差別分別，三總執分別，四我分別，五我所分別，六愛分別，七非愛分別，八彼俱相違分別。於靑黃等事，分別爲色；於苦樂等事，分別爲受；乃至於衆苦解脫諸相寂靜，分別爲涅槃等；是爲自性分別。於色受等事分別是非，同異，善惡，好醜，常無常等，是爲差別分別。於衆多法，總執爲一，如於五蘊總執有情，於多人處總執爲軍，於多木處總執爲林，如是等是爲總執分別。或於五蘊總執爲我，或執有我在五蘊中，領受苦樂，作諸事業，是如等是爲我分別。我執旣起，我所斯生，自他差別，分限確然，由是內而身心，外資生具，田宅車乘，爲我所有，非爾所有。如是一切，名我所分別。我我所執既立，愛憎之情遂生。境事隨心，執爲可愛。與我違逆，謂爲非愛。中庸之境，愛憎不生，謂非可愛非不可愛。是爲後三愛及非愛彼俱相違分別云。八分別生三事者，謂自性分別，差別分別，總執分別，此三能生分別戲論所依分別戲論所緣事。所依謂根身，所緣謂境界，依於根身起分別戲論故，緣彼境界起分別戲論故。我及我所二種分別，能生一切餘見根本，及慢根本薩迦耶見，及能生起一切餘慢根本所有我慢。後三分別，能生貪瞋愚癡。由愛分別生貪，由非愛分別生瞋，由彼俱相違分別生癡故。是謂由八分別，能生三事。謂分別戲論所依緣事，見我慢事，貪瞋癡事。又此三事互爲緣生，謂分別戲論所依緣事爲所依止，生薩迦耶見，及以爲我慢，薩迦耶見我慢爲依，生貪瞋癡。又由如是貪瞋癡故，造作諸業，由業受果，還復生起分別戲論所依緣事。謂即有情世間，及器世間。故此三事，普能顯現一切世間流轉品法，而皆依止八種分別。八種分別，又復皆依名想言說。由於言說，執自性等，起諸分別。分別爲依，造業受果。是故說言由言說故，便迷實性，增妄執，起煩惱業，受生死苦也。由是聖人，爲度生死故，斷煩惱業。爲斷煩惱業故；除妄分別。爲除妄分別，故觀諸法不可言說離言實性。由觀實性，分別不生。分別不生，惑業不起。惑業旣盡，解脫涅槃。一切世間，趣向流轉。一切聖人，趣求還滅。所志旣殊，固不得以之相難耳。卽是而知，菩薩所求智慧，離言說絕分別，證實性，拔除一切苦惱以爲其相。凡夫世俗所有智慧依言說，增分別，迷實性，招衆苦以爲其相。蓋有如是之不同者或謂一切諸法不可言說，言說增過又大如是，諸佛菩薩復何因緣於離言性起言說耶？眞實品中作如是答：若不起言說，則不能爲他說一切法離言自性，他亦不能聞如是義。若無有聞，則不能知此一切法離言自性。爲欲令他聞知諸法離言自性，是故於此離言自性而起言說。菩薩之利用言說，蓋大悲方便以遣執，非以執著增過耳。或謂語言之過，離言之益不同如此，彼禽獸等亦無言說，何不卽得解脫耶？曰雖無言說隨覺，而有言說隨眠，是以分別我愛我癡之仍存，何以云得解脫也？又同屬流轉，得報有殊，以惡業故受彼畜形，語具不良，故弗能語。此如黄門割勢，不造淫業，雖不造淫，不得許彼以爲貞也。

復云無我性者，謂一切法無有我故。無我之性，爲法實性。是謂無我性。

云何名我？復云何知諸法無我？

所謂我者，略有二種：一者補特迦羅我，二者法我。

言補特迦羅者，此云數取趣。一切有情，由煩惱業，數數生死，數取諸趣。謂人，天，地獄，餓鬼，畜生，五趣。捨此趣已，復取彼趣而受生故。所云數取趣我者，謂執有常法，是此趣生作者受者，由彼作業取諸趣生，既生彼已，受彼趣果。諸趣無常而此數取趣者，其性是常。如是常法，作者，受者，爲趣生主，是名數取趣我也。

如是數取趣我，又名人我。依於色受想行識之五蘊，總合名人。於此五蘊人中，執有一主宰者，爲有色身者，爲領受者，爲想相者，爲造作者，爲了別者，是之謂我。此我爲人之主宰，故名人我也。（此中人言，總五趣有情皆名爲人。若天，若鬼，若畜生，若地獄，皆名爲人。但具生命情智者，皆名人也。）

所謂法我者。法略二種：一徧計施設法，二衆緣所生法。衆緣所生法者，謂依因緣增上緣等四緣所生法，如心法，心所有法，色法等。徧計施設法者，謂但隨心觀待境界心心所色周徧計度而施設故；或說爲色，或說爲受，乃至一切名想言說，是謂徧計施設法。

言法我者，謂執諸法其性是常，有其自性，有其實體，自他差別，恆無改轉，有其作用，能造諸業。如說諸法體常實有，觀待衆緣而起作用，此執心心所色等諸法有實自性爲有我也。又如有執一切聲常，待緣顯發方有詮表，有餘徧計明論聲常，能爲定量，詮表諸法；（成唯識論）乃至如希臘哲人伯拉圖等執有觀念體實常等，一切皆是執偏計施設法爲有我也。

如是人我，主宰作用爲義。法我，自性實有爲義。而皆是常恆無轉變。言諸法無我者，謂一切法無此二種我也。

云何應知人我無有？依待諸法，假施設故，如軍林等，體非實有。又離五蘊不可得故，如龜毛等，畢竟無有。云待諸法假施設者，謂依色受等，假施設人。或待業果，立數取趣。設離所依色受等法，體別無人法或數取趣。故彼實我，決定不成。如依多人，施設爲軍。依於多樹，假立爲林。設離多人，別無軍故。離多樹者，別無林故。故彼人我，唯是假立。設離五蘊或業果等，別有我者，彼離蘊我以何爲相？設謂有色，能作受等，彼與色受等，體無差別故。設謂作受與作受體有差別者，受爲受受，爲能受者受？作爲行作，爲能行者作？設謂受受，受卽能受，無別能受者。設謂能受者受，非是受受，離受不成能受者故。設謂能受如工，受如於具，受者假受成於受者。諸無所假而成事者，如花之開，如水之流，豈彼亦有開者流者；一切愚夫，不了諸法自有業用，別於業用更立主宰，於內身中別執有我，於外器界別執有神，當知皆爲可憐憫者。又此作受，如有主宰，應恆作善，不造諸惡。應恆受樂，不受諸苦。然彼所作善惡不常，彼所受者苦樂不一，應知但隨衆緣，都無主宰。主宰無故，我卽是無。又有作受，故體卽非常。五趣四生，恆轉變故，都無有我，但隨五蘊業果而假施設。如是可知，人我非有。

復云何知法我亦無？

諸偏計法，隨情施設，故無有我。諸緣生法，待緣生故，亦無有我。以我是有主義，隨情待緣而後有者皆無主義，故我是無。又隨情施設而後有者，隨情有異，施設亦殊。現見世間，隨於一物有多施設，種種諍論生起不絕，或執爲常，或謂無常，或謂爲善，或執不善，或執爲一，或執爲多。又各名言義或多解，隨情所目，所表遂殊，既無實義，自性全無。故彼一切，都無有我。諸緣生法，待緣生者，亦無定性。謂因異故，生果既殊；亦緣異故，果起又別。果既決於因緣，故彼無有眞實自性也。又緣生法待緣而生，生已卽滅，無有恆常堅住性，故如幻事等，體非實有。體既非實，我云何存？故一切法，皆無有我。諸如是義，具如拙作緣生通釋中說。是謂法無我。

諸有了知人我空者，不於諸法之外別執主宰，知我體空。諸有了知法我空者，不於諸法自相執有實性，觀如幻化。觀我體空，除遣我執。觀法如幻，除遣法執。我法二執，俱除遣故，便能現觀諸法實相，無分別智由是而生，漸能成就無上菩提。

如是我執有情共有，三乘賢聖共觀爲空，故於內法一切無諍。如是法執，有情共有諸佛菩薩乃得證斷，故於內法，大小有諍。雖諸大乘同遣法我，然於因緣所生諸法，說有說空二猶有諍。由斯大乘說有般若瑜伽兩宗。般若明空，瑜伽說有。空有兩教義既不同，云何體會彼深義趣，令於聖教不起乖違？

答，若能了知諸法緣生無我義者，卽於大乘空有兩教，皆得悟入。

云何悟入空義？以緣生法，無有我故，自性無有。譬如夢境，雖相顯現，若實是有。從夢覺已，知彼性空。所云空者，非由覺故彼體乃空，彼夢自性本自空故。而執實者，非彼體實，但由迷情執爲實故。空宗依如是義，說有爲法空，待緣生故，如幻事等。又說菩薩不能以空空一切法，而一切法自性空故。說爲有者，但隨世俗。於勝義諦，一切皆空。是爲空義，堅確不搖。

云何悟入有義？以緣生法，從緣生故，實性雖無，諸相是有。由彼諸相，如是顯現，非無有故。如彼幻事，實性非有，幻事非無。又如夢境，夢境非眞，體是空寂；而彼夢相實是有故。依有是夢，故執夢實，或說夢空。原無是夢亦無執實，亦無空故。是故說言：虛妄分別有，於此二都無，此中唯有空，於彼亦有此。由有緣生法，乃有二我執，乃有空性故，故彼無者，但無二執。依他圓成體不無故，是爲有義，眞實不動。

二義俱是，云何和會者，當知般若宗但說夢幻體空，不說無是夢幻。瑜伽宗但說夢幻是有，不說夢幻體眞也。是故般若說空亦不執空，瑜伽說有亦不執有。以彼二宗，俱能通達緣生無我如幻事故。如達此義，空有無諍。諸有不識此義而妄執瑜伽以攻般若，妄執般若攻瑜伽者，當知皆是不達聖教眞實義趣者也。昔講瑜伽眞實義品曾論此義，其言曰：

空宗講二諦，相宗講三性。空宗勝義空，世俗有。相宗勝義有，世俗空。勝義世俗，有二義：就迷悟言，迷爲世俗，悟爲勝義。凡俗所執，勝義皆空。凡言有者，皆隨世間極成眞實而立言故。如是故言，俗有眞空，是般若家義。就法相言，圓成依他理事眞實，是爲勝義。徧計所執，法相都無，但隨妄情而施設故，是爲世俗。俗無眞有，是法相家義。雖然，若就法相言，則般若亦說俗無眞有，故智度論卷一云：人等世界故有，第一義故無。如如法性實際世界故無，第一義故有，若就迷悟說瑜伽亦說俗有眞無。如此眞實品云：由勝義諦故，非有色，於中無有諸色法故。由世俗諦，非無色，於中說有諸色法故。……由是可知，隨義不同，說或有異，眞實道理，無二致也。

由是當知，空有之論，皆當正理。如不得旨，則便成過，為避斯過，諸佛菩薩亦說諸法非空不空。攝大乘論說如是頌：

如法實不有，　如現非一種，　非法非非法，　故說無二義。　依一分開顯，
或有或非有，　依二分言說。　非有非非有，　如顯現非有，　是故說為無。
由如是顯現，　是故說為有。　自然自體無，　自性不堅住，　如執取不有，
故許無自性。　由無性故成　後後所依止：　無生滅本寂，　自性般涅槃。

如是瑜伽之教，非有非空，正處中道。般若之義，亦復如是。中論云：『因緣所生法，我說卽是空，亦卽是假名，亦是中道義。世無有一法，而不從緣生。故無有一法，而不是

空者。」說因緣所生法是空，不說無因無緣無所生法故。設撥無因緣所生法者，即爲邪見也。智度論十八云：『邪見人，於諸法斷滅令空。摩訶衍人知諸法眞空，不破不壞。……邪見人言諸法皆空無所有，取諸法空相戲論。觀空人知諸法空，不取相，不戲論。邪見人雖口說一切空，然於愛處生愛，瞋處生瞋，慢處生慢，癡處生癡，自誑其身。如佛弟子，實知空，心不動，一切結使生處不復生。……種種煩惱不復著其心。復次邪見人言無所有，不從愛因緣出；眞空名從愛因緣生，是爲異。……復次，是見名爲邪見，眞空見名爲正見。行邪見人，今世名爲弊惡人，後世當入地獄。行眞空智慧人，今世致譽，後世得作佛。譬如水火之異，亦如甘露毒藥，天食須陀以比臭糞。……』如是種種，說無所有邪見，與眞空正見不同。經云：『寧起我見如須彌山，不起空見如芥子許。』瑜伽所斥之惡取空者，即智度論所斥之邪見人也。彼論又說：「諸法一相，所謂有相。因是有，諸法中有心生。如是等，一切有。問：無法中云何有心生？答：若言無，是事即是有」又說：「菩薩觀一切有相，無有法無相者。如地堅重相，……如是等，一切法各有相。復次，菩薩觀一切法皆無相，是諸相從因緣合生，無自性故無。」又說：『諸法實相中決定相不可得故名無所得。非無有福德智慧增益善根。』如是種種，說諸法有執謂般若但言空者？所以者何？諸法實相，非空有故。

一切諸法既非空有，而般若經處處偏言空者，不觀眞空，難捨法執故。瑜伽處處說依圓有者，爲遣邪見，建立法相故。學者善觀諸法緣生如幻，無我無性，二執俱遣，亦復不壞諸法法相。是則不著空有，善達諸法無我者也。

如是不可言法性，及無我性，是謂眞如。又名空性，又名無相，又名實際，又名勝義，又名法界。云何不可言法性及無我性名眞如耶？眞謂不妄，如謂無倒。眞謂體實，如謂無變。由此離言無我之性，是法眞性，如彼法性，眞實恆常；無變異性，是故說彼爲眞如也。由彼諸法眞實不可言故，眞如無有我故，於常常時，偏一切法，皆如是故，說名眞如。卽此眞如又名空性者，一切雜染所不行故，由緣於此能令雜染悉空寂故。名無相者，由離一切言說相故。名實際者，無倒所緣究竟處故。名勝義者，最勝聖智所行處故。名法界者，三乘善法所依相故。隨義差別，施設多名。非謂實性，有其多種。

問，爲離一切法，外別有一法爲諸法眞如，爲卽一切法眞實性相卽名眞如耶？

曰，卽一切法眞實性相，說名眞如。非諸法外，別有一法，爲諸法眞如。所以者何？卽一切法，性不可言；卽一切法性本無我；卽依如是不可言性，本無我性，說爲諸法眞實自性，說名眞如。不可言性，不離諸法。本無我性，不離諸法。故此眞如不離諸法。設謂眞如離諸法有，應離諸法有不可言性，有無我性。然離諸法，何者不可言何法無有我者？故離諸法無眞如也。諸有不知如是義者，執離諸法有別眞如，眞實恆常，爲諸有爲變異法體。當知彼說如同夢囈，應如數論，自性三德變生大等，或如異教所執大梵，或上帝等。諸如是過，具如起信論料簡破，此中不詳。

或謂設非離諸法別有眞如，則一切煩惱一切惡業既皆同是不可言性，皆無我性，卽應皆是眞如，皆是法界。若爾，三乘聖衆云何爲斷彼彼眞如性故，爲證彼彼眞如性故，而修勝行？如是應成顚倒，何斷何證，何解脫耶？又若諸法卽眞如性，諸法無常，眞如亦應無常。如是等過，云何遮耶？

實無是過，而汝妄疑。所以者何？諸佛菩薩，原說諸法卽眞如故，又復說有善法眞如，不善法眞如，無記法眞如故。諸佛菩薩爲令有情了知三界諸過失故，別說煩惱，別說眞如，令知厭患，勤修證故。諸已實證諸法界者，當知煩惱卽是眞如。色不異空，空不異色，色卽是空，空卽是色，受想行識，亦復如是。一切諸法皆卽如故。復謂若爾何斷何證云何解脫者，當知由不證知諸法離言無我性故，起妄分別徧計所執，由是煩惱生起不絕。卽由如是證知諸法卽是離言無我性故，遠離諸執，永斷煩惱，卽以是故而得解脫。非異證於眞而別斷煩惱，卽證煩惱空無我故，煩惱自斷得解脫耳。經說菩薩卽於生死，而證涅槃。中論云：涅槃不異世間，世間不異涅槃，涅槃際，世間際，一際無有異。又首楞嚴三昧經說魔界如卽是佛界如，魔界如法界如不二不別。魔界相卽是佛界相，魔界法，佛界法，不二不別。故無一法，非眞如者也。又謂諸法無常，眞如應亦無常者。離諸法外若別執有常法眞如，此不如理，非我宗義。然依如是離言無我之義，諸法同故，前後不異，故說爲常。如是常義，但顯諸法前後一相，同此離言無我理耳。如說有漏，其性常苦。如說諸行，性常無常，非異有漏諸行，別有一常苦性，常無常性，爲有漏諸行所依。但說有漏常苦。諸行常無常耳。眞如之常，義亦如是。是故無別有一眞如常法，異一切法。亦不因一切法無常故，彼離言性，空無我性，眞如，實際，便成無常耳。又此眞如依於諸法實相實性實理而說，與一切法或卽或離，不卽不離，種種差別，具如起信論料簡辯法性中具廣宣說，此不備述。若能如是如實了知諸法實性，方乃不同外道計耳。否則離法計如。應如掌珍論破彼論頌云：無爲無有實，不起似空花。又說似我眞如同外道故。

如是已說無分別智所緣顯法性竟。此智唯以眞如爲所緣緣，亦緣餘法耶？加行智，後得智，亦緣餘一切法。此顯根本無分別智所緣，是故不說。又加行智，隨順引發根本智故；後得智根本等流故；當知所緣，餘一切法，無不順趨眞如性者。是故此中，特說眞如。當知具攝餘一切法。

已說所緣，無分別智行相如何。頌曰：

諸菩薩行相，　復於所緣中，　是無分別智，　彼所知無相。

云行相者，行謂行解，相謂相狀。諸心心所，於緣境時，有行解生。如是行解，卽心等用。行境界時，所得果故。隨心心所種種不同，故彼行相亦種種異。如識於境，以了別爲相；受以領納爲相，想以取相爲相，行以造作爲相，欲以希望爲相，勝解印持爲相，念以不忘失爲相，定以專注一趣平等爲相，慧以觀察決斷爲相。如是等相，謂卽行相。此以心心所法種類不同，分別行相。如是無分別智行相如何？曰，仍以觀察決斷爲相。七覺支中，卽擇法故。現觀法性，斷二執故。然此行相，與諸凡夫外道世俗智慧復何差別？曰，諸菩薩行相，復於所緣中，彼所知無相。謂諸凡夫，觀諸法時，行於有相。此無分別智，於所緣中，行於無相。所云相者，謂或言說隨覺，或言說隨眠，於諸法上生起種種言說戲論，分別執著，謂此是色，此是受等，此是男女，此是苦樂，此是眞實，此是虛妄，此是善，此不善，此是我有，此非我有，此是世俗，此是勝義，此是生死，此是涅槃，如是等等言說所攝虛妄相生，心智依之起解起證，是謂凡夫行於有相。謂以諸相觀察諸法，便執諸法爲是等相。不於諸法起實證故。云何執相觀境非實證耶？以一切法，無有相故。是故經言：一切諸法，皆同一相，所謂無相。言無相者，非謂諸法空無所有，體用都無。但說諸法體相法爾安住自相，非可以餘言說等相詮表顯了實證取故。譬如說火，口不被燒。說食說衣，不得飽煖。明知水火飲食等名想言說之相，非卽實水火等相也。菩薩了知一切諸法，皆不可說，不可表示，不可執取，安住法界，皆同一相，所謂無相。是故於法離言絕慮，不取一相。然雖了知諸法無相，設以無相觀諸法時，當知無相，卽成有相。以彼取於離言相故，取無相故，乃至取於眞如法界實際相故，仍於諸法不得自相。如是依聞思慧，知無相已，加行智中次第遣執，既遣有相，復遣無相，更復遣於遣相之相。諸相盡遣，一相不執，最勝止觀根本智起，實證眞如，現觀諸法。雖實證如，不作如解。現觀諸法，無有法解。瑜伽眞實品云：『又諸菩薩，由能深入法無我智，於一切法離言自性，如實知已，達無少法，及少品類，可取分別。唯取其事，唯取眞如。不作是念：此是唯事，是唯眞如，但行於義。』是爲菩薩無分別智所有行相，以於所緣眞如法性平等平等眞實現觀不取相故。執相觀如，智與如隔，名非現觀。執相觀如，但得相故，不名證如。由離相觀，不取相故，是故說名現觀實證眞如法性。如是現觀實證等義，當知猶是加行後得無分別智施設建立。眞現觀中，不得如是現觀等相故。如契經言：云何此中名勝義諦？謂於其中，智亦不行。又如問言：曼殊室利，言慧眼者，當何所觀？答言：若有少所觀者，卽非慧眼。由此慧眼，無分別故，不觀有爲，亦復不能觀於無爲。以諸無爲，非此慧眼所應行故。又如佛言：云何名爲眞實行解？謂於諸法都無行解，是則名爲眞實行解。又如經言：如來菩提都無現觀。諸如是等，掌珍論中具廣宣說。如是已說此智行相。

無分別智任持者，頌曰：

諸菩薩任持，　是無分別智，　後所得諸行，　爲進趣增長。

云何任持？謂由如是無分別智爲因，有力任持後得諸善功德，令彼進趣後後勝境，增長廣大故。如地爲依，任持萬物，令生住成長等。無性釋云：『後所得諸行者，謂無分別，後得智中所得種種菩薩諸行，此行皆以智爲所依。爲進趣增長者，謂爲增長菩薩諸行。此說任持有要所用，無顚倒故，能持諸行。』眞實品中，廣如是說：如是菩薩行勝義故，於一切法平等平等，以眞如慧，如實觀察，於一切處具平等見具平等心，得最勝捨。依止此捨於諸明處一切善巧勤修習時，雖復遭遇一切劬勞一切苦難，而不退轉，速急能令身無勞倦，心無勞倦，於諸善巧，速能成辦，得大念力，不因善巧而自貢高，亦於他所無有祕吝。於諸善巧心無怯弱，有所堪能，所行無礙。具足堅固甲鎧加行。是諸菩薩，於生死中如如流轉遭大苦難，如是如是於其無上正等菩提堪能增長如如獲得尊貴殊勝，如是如是於諸有情憍慢漸減。如如證得智慧殊勝，如是如是倍於他所難詰諍訟諠雜語論本惑隨惑犯禁現行，能數觀察，深心棄捨，如如功德展轉增長，如是如是轉覆自善，不求他知，亦不希求利養恭敬，如是等類，菩薩所有衆多勝利，是菩提分，隨順菩提，皆依彼智。是故一切已得菩提，當得今得，皆依彼智。除此更無若劣若勝。』自下又說菩薩乘御如是無戲論理，獲得如是衆多勝利：爲自成熟諸佛法故，爲成熟他三乘法故，修行正行。所謂六度，四攝，敬禮有德，悲愍有過，慈濟怨者，酬報有恩。如是等，當知是名菩薩乘御無戲論理，依極眞智修正加行。蓋諸有情，由彼不得菩薩最勝無分別智故，凡所有行皆有所著。一切凡夫，著住生死。一切二乘，著住涅槃。由著生死，便雜染心流轉生死。由著涅槃，便著寂滅，捨大悲心。由是不能任持菩薩爲自成熟，爲成熟他，所有廣大殊勝功德，諸菩薩行。由諸菩薩得根本智，知一切法空無我故，本性平等，故能於諸世間不染不著，於出世間不深願樂。以其大我阿世耶故，偏於有情生慈悲心，作諸利益。以其諸法阿世耶故，偏於諸法不取不捨。由是故能不住生死，不住涅槃，成熟有情，生大功德。故諸菩薩後得勝行，進趣增長，皆以此智爲任持也。

無分別智助伴者，頌曰：

諸菩薩助伴，　說爲二種道，　是無分別智，　五到彼岸性。

世親釋云：『二種道者，一資糧道，二依止道。資糧道者，謂施戒忍及與精進波羅密多。依止道者，卽是靜慮波羅密多。由依前四波羅密多所生諸善，及諸靜慮波羅密多，無分別智便得生長。此智名慧波羅密多。」卽無分別智以餘五度爲助伴也。由前四度善法資糧，及五靜慮爲所依止，此智生故。設無四度，尚不能得免諸罪惡，况得靜慮？靜慮不起，心意躁擾，無等持力，如於濁水不生明慧也。智度論云：『觀眞空人，先有無量布施持戒禪定，其心柔輭，諸結使薄，然後得眞空。』又說：『初發心菩薩，若從佛聞，若從弟子聞，若從經中聞，一切法畢竟空，無有决定性可取可著，第一實法滅諸戲論，涅槃相是最安隱。我欲度脫一切衆生，云何獨取涅槃？我今福德智慧神通力未具足故，不能引導衆生。當具足是諸因緣，行布施等五波羅密。財施因緣故得大富。法施因緣，故得智慧。以此二施引導貧窮，令入聖道。以持戒因緣，故生人天尊貴，自脫三惡道，亦令衆生免三惡道。以忍因緣，故障嗔恚毒，得身色端正，威儀第一，見者懽喜，敬信心伏，况復說法？以精進因緣，故能破今世後世福德道法，懈怠得金剛身，不動心以是身心破凡夫憍慢，令得涅槃。以禪定因緣，故破散亂心，離五欲罪樂，能爲衆生說離欲法。禪是般若波羅密依止處，依是禪，般若波羅密自然而得。如經中說，比丘一心專定，能觀諸法實相。』如是等是謂五度爲慧助伴也。復次由惠施故，不著身財。由淨戒故，不著五欲。由安忍故，不著寃親，諦擇諸法。由精進故，勇猛奮發，不著怠逸。由靜慮故，降伏煩惱，境不能亂。由是心意超越諸行境界，不蔽其智，不累其明，然後般若明慧乃從心生，等觀諸法實證眞性。故由五度，助實智生也。

無分別智異熟者，頌曰：

諸菩薩異熟，　於佛二會中，　是無分別智，　由加行證得。

云異熟者，謂由業力，感得後有器界根身異熟識等，是爲異熟果。由與因業性異時異變異而熟，故名異熟。異熟因者，實是三界所攝有漏諸業。無分別智，體是無漏出世間性，能正對治三界業果，云何此說無分別智得異熟果成異熟因耶？無性釋云：『卽增上果，假名異熟。由此資熏餘有漏業，令感異熟，故得此名。』謂諸菩薩，由此無分別智平等觀察一切法，故不住生死，不住涅槃，爲諸有情誓受生死，是以資熏世間善業令得最勝殊妙色身，成就自他二乘聖道。是故此智名有異熟。此智異熟生於何所？

曰，於佛二會中。世親釋云：『謂受用身會中，及變化身會中。若無分別智加行智轉時，於變化身會中受生，受異熟果。若已證得無分別智，於受用身會中受生，受異熟果。由顯此義，故復說由加行證得』此說菩薩生法王家也。或謂諸佛世尊，出離三界，受用變化身土，智影皆是無漏，五趣不攝，云何說名異熟果耶？當知諸佛身土，皆是無漏，界趣不攝。菩薩變者，卽體有漏，界趣所攝，同處同時，互徧無雜。各隨識變，如光相網，菩薩身土，卽是異熟，佛非異熟。此如無垢稱經說，舍利子等見佛土垢穢，持髻梵王卽見清淨。佛以足趾按地，卽時咸見清淨佛土功德莊嚴，一切大衆嘆未曾有。爾時世尊告舍利子：『我佛國土常淨若此，爲欲成熟下劣有情，是故示現無邊過失雜穢土耳。舍利子，譬如三十三天共寶器食，隨業所招，其食有異。如是舍利子，無量有情生一佛土，隨心淨穢，所見有異。若人心淨，便見此土無量功德妙寶莊嚴。』同一佛土，隨心淨穢如是，同一佛會，異熟非異熟亦然。故諸菩薩，雖生諸佛二會中，而彼業果，仍是異熟耳。或謂菩薩爲度有情故受生死，何故不說生有情衆中，但說生佛會中耶？曰由於佛會聞法修行自成熟已，次乃有能成熟他故。下化本於上求故。又諸菩薩亦於五趣隨類受生，果非殊勝，此就勝說：是故不遮。復次此中無分別智異熟果者，但就菩薩未成佛前說，已成佛後異熟體空，彼無分別智不感異熟果也。

此智等流復爲何耶？頌曰：

諸菩薩等流，　於後後生中，　是無分別智，　自體轉增盛。

由前自法勢用因緣：令自後法勢用增長，名等流果。自類所流，名等流也。此無分別智等流果者，謂於後後佛二會中，無分別智自體勢用展轉增盛，是卽此智等流果。由於此智無漏淨善，已得無退，但有增長，是故後後乃至成佛得果不絕。

無分別智出離云何？頌曰：

諸菩薩出離，　得成辦相應，　是無分別智，　應知於十地。

解脫世間煩惱繫縛，進趣如來大般涅槃，是謂一切菩薩出離。如是出離，有其二種：一得相應出離，二成辦相應出離、初獲此智，名得相應。次復無量百千大刼，成辦相應。由彼成辦如來無上大涅槃故，應知於十地者，十地義，後當說。此智初地唯名得，爾後九地乃名成辦，既得已後，次第成辦故。是故菩薩經無數刼，乃證涅槃。於時方名已到究竟

此智究竟其相云何？頌曰：

諸菩薩究竟，　得清淨三身，　是無分別智，　得最上自在。

此智究竟得清淨三身，及最勝自在，以爲其相。言三身者，謂佛自性身，受用身，變化身。後當廣說。自在，謂十種自在：謂一壽自在，隨欲住世，示現能住故。二心自在，生死界中；無染汙故。三衆具自在，於衣乘等資生衆具，隨欲得故，此三自在，施圓滿得。四業自在，於諸善業，隨欲能成。五生自在，於諸趣中隨欲往生故，此二由戒圓滿故得。六勝解自在，令大地等，隨心勝解而轉變故。此由忍度圓滿故得。七願自在，隨心所願，皆成就故。此由精進圓滿故得。八神力自在，五通所攝神力無礙故。此由靜慮圓滿故得。九智自在，十法自在，謂徧了知一切爾談，如其所欲能正安立契經等法故。此二自在，慧

圓滿得。如是三身，及十自在，入地分得，成佛究竟。是故說名，淸淨最上。無分別智勝利如何？當知隨於三種無分別智，各別有其殊勝利益。謂能不爲諸行所染故。三智者，謂加行無分別智，根本無分別智，後得無分別智。從他聞說無分別理，深生勝解，依上勝解，尋求思察，是謂加行無分別智。由此能生無分別智，是故亦得無分別名。此智如何，從何，由何無染？頌曰：

如虛空無染，　是無分別智，　種種極重惡，　由唯信勝解。

如虛空無染者。謂如虛空自體淸淨，一切客塵不能染著故。種種極重惡者，謂卽三惡道業，五無間業等。由唯信勝解者，謂由此加行無分別智，於無分別理深信勝解故。此復云何？謂言由此加行無分別智，於無分別理深信勝解已，便無顚倒，不更起於種種極重惡故。譬如虛空，不爲塵染。加行無分別智，不爲種種極重惡染：亦復如是。或謂亦有聰慧極靈巧人，博通三藏，善解空理，而乃造於種種極惡重罪。如有惡取空者，無罪無福，無因無果，佛說自墮，亦令他墮，死入牛羊等類中故。曰：彼非眞實加行無分別智，由於聖教不如理觀，起增上慢，雖有俗慧，而無淨信眞勝解故。當知彼是邪見所攝，諸佛說爲不可救者。眞得此智者，於如來教如理通達，起極淨信，至誠倚任，無增上慢心，不特於無分別理勝解尋求，亦於淨戒禪定嚴守勤習。如空無染，絕不起於極重罪也。此中云極重惡無染者，意顯尙爲諸微細罪之所染也。由彼未能斷諸煩惱，實證法性故。

次根本無分別智無染勝利如何？頌曰：

如虛空無染，　是無分別智，　解脫一切障，　得成辦相應。

謂此根本無分別智，由於初地得相應故，及後十地成辦相應故，解脫諸障，如空無染。此中一切障者，謂煩惱障，所知障，二乘唯斷煩惱障，菩薩一切斷故。於得相應，能斷分別所起二障。次後十地，乃至成佛，能斷俱生二障。

次後得無分別智無染勝利云何？頌曰：

如虛空無染，　是無分別智，　常行於世間，　非世法所染。

從於根本無分別智後所生得，故名後得。由此後得無分別智，觀諸有情諸利樂事，故思往彼世間受生，作諸事業，是故說言常行於世間。雖行世間，而如虛空，雖有種種客塵雲霧生起出沒，而於彼空自體無染。如是後得無分別智，種種世法亦不染故。云世法者，略有八種：一利，二衰，三譽，四毀，五稱，六譏，七苦，八樂。世間有情，我法二執堅固執持，內為情蔽，外為物轉。見利則趨，於衰則避。聞譽而喜，聞毀則憂。稱則心高，譏則意忿。於苦怖畏，於樂躭求。顛倒紛紜，莫能自主。如馳野馬，如戲猢猻，弱喪無歸。痴狂弗救。至可哀也。菩薩由得眞空無我智故，了知萬法境界體空。內不執我，外不著物。故能見利不欣，於衰不退，譽稱無喜，譏毀無憂，於樂無躭，於苦無畏。悲智宏深，八風不動。故能以心轉物，濟世度生，而不隨境異心，超然解脫也。是為菩薩後得勝利。

加行根本後得三種無分別智，有何差別？頌曰：

如瘂求受義，　如瘂正受義，　如非瘂受義，　三智譬如是。　如愚求受義，
如愚正受義，　如非愚受義，　三智譬如是。　如五求受義，　如五正受義，

如末那受義，三智譬如是。如未解於論，求論，受法義，次第譬三智。應知加行等。

無性釋云：『為顯三智行相差別，說如是喻。如瘂求受義者譬如瘂人求受境界，而未能受亦不能說。如是加行無分別智，求證眞如而未能證，寂無言說，當知亦爾。如瘂正受義者，譬如瘂人正受境界，無所言說。如是根本無分別智，正證眞如，離諸戲論，當知亦爾。如非瘂受義者，如不瘂人受諸境界，亦起言說。如是後得無分別智，反照眞如，現證境界，能起言敎，當知亦爾，由此道理，釋如愚頌。世親云：無所了別說名爲愚。如五求受義者，譬如五識，求受境界。雖有所求而無分別。如是加行無分別智，當知亦爾。如五正受義者，譬如五識正受境界，離諸分別。五識緣境現量所得，不作異解，故離分別。根本智亦爾。如末那受義者，譬如意識，能受境界，亦能分別。後得智亦爾。如未解於論求論受法義者，如未解論求誦於論，而未能誦，加行智亦爾。如溫習論，領受文字，根本智亦爾。如已聽習通達法義，後得智亦爾。由如是等衆多譬喩，如數次第，喩加行等三智差別』

根本後得二智譬喻差別者，頌曰：

如人正閉目，是無分別智。卽彼復開目，後得智亦爾。應知如虛空，是無分別智。於中現色相，後得智亦爾。

閉目虛空，顯根本智無有分別，無所行相。開目色像，顯後得智是有分別，有所行相。是爲二智體相差別。然不說言根本智如盲如空，無所覺證，非心數法。亦不說言後得智虛妄分別，於亂相轉。本智現觀，實證諸法性故。後得智如理分別諸法相故。俱是出世無漏眞智。喻顯一分差別相故，更不表餘。學者應知。瘂愚等喻，亦復如是。

世親釋云：『如虛空者，譬如虛空周徧無染，非能分別，非所分別。如是根本無分別智，應知亦爾。徧一切法一味空性，故名周徧。一切諸法所不能染，故名無染（此顯根本智徧證諸法一味空性，而不爲一切行染義。）自無分別，是故說名非能分別。亦不爲他分別行相，（不爲他分別所行相故）是故說名非所分別。如是應知無分別智，譬如虛空。現色相者，譬如虛空所現色像，是可分別。如是後得無分別智，應知亦爾。

是所分別，亦能分別。』

無分別智無功用作事者，謂如是智修成佛果，既離功用作意分別，云何能成利益安樂諸有情事？頌曰：

如末尼天樂，　無思成自事；　種種佛事成，　常離思亦爾。

謂諸菩薩無始時來，大悲願力最勝白法，成於佛果性是饒益悲智體故，不作功用，不待思惟，法爾隨緣，於諸有情應度脫者卽便能作種種佛事。如如意珠及彼天樂，雖無是念我當放光我當出聲，隨彼有情福業意樂勢力，不待擊奏，放種種光出種種聲。諸佛菩薩無分別智，無思成事，當知亦爾。

無分別智甚深義者，無性釋云『無分別智境界云何？爲緣分別依他起性，爲緣餘境？智體亦爾，爲智非智？若爾，何失？若緣分別依他起性，云何得成無分別智？若緣餘境，餘境定無，當何所緣？若是其智，應有所智，若是非智，云何得名無分別智？』頌曰：

非於此非餘，　非智而是智，　與境無有異，　智成無分別世親釋云『非於此非餘者此智不緣分別爲境，無分別故，不緣餘境，卽緣依他諸分別法眞如法性爲境界故。法與法性若一若異，不可說故。此說根本無分別智，不緣分別，亦不緣餘。』非智而是智者，『此顯根本無分別智非定是智。以於加行無分別智中此不生故。亦非非智，以從加行分別智因而得生故。又云『以非於此分別轉故，說名非智。以非於餘，卽於分別法性轉故，而亦是智。前後二句，互相解釋。與境無有異智成無分別者，非如加行無分別智其有所取能取性轉，名無分別，與所取境無差別轉，平等平等，名無分別。此智不住所取能取二種性中。

當知此智不取諸行差別相故，名不緣此依他起性。卽取諸行眞如性故，名非緣餘境。云何名諸行差別相及眞如性耶？如說色以方所示現爲相，受領納相，想施設相，行造作相，識了別相，如是等相爲依他諸行差別相，亦卽諸行自性相。由彼諸行自性互相差別，說名諸法差別相。眞如法性，名爲諸法共相。以空無我相是色受等共有相故。色空無我，受亦空無我，乃至想行識，眼耳鼻舌身意，菩提涅槃，亦空無我。故說眞如，爲諸法共相。凡智所行，唯諸法自性差別相，所謂見色聞聲，乃至思惟名相，皆但能得依他起自相耳。根本無分別智於緣色時，不取色相，唯證眞如空無我相。緣受想行識時，不取領納乃至了別等相，唯證眞如空無我相。以是故名，不緣依他。然此法性，不離諸行而別有故。卽法空理名法性故，是故說言非緣餘境。是爲此智所緣甚深。非智而是智者，凡智唯以分別諸行差別相故，能有所求，能有所取，能有所得。謂於諸行差別體相，因果轉變，分別照了，決斷無謬，以是爲智，爲慧，爲辯。無分別智行相異彼，都不執取如是等相，無求無取，亦無所得。無有分別，言語道斷，心行處滅，唯聖默然，無辯無說。如是等相，云何說彼以爲智耶？然卽此智，證法性故，證眞如故，無行而行，無得而得，窮法源底所知邊際，齊此一切正法思擇皆悉退還不能越度。謂彼非智，復是何等？俱以是義，說如是言：非智而是智。異凡智故，說名非智。是眞智故，說云是智。是謂此智，體相甚深。與境無有異，智成無分別者。此顯此智行相及得名所由也。由於此智不行諸法差別相故，空無我相平等平等徧一切法，智唯證此，法性無差別，此無差別轉，是故此智與境無有異也。又此智現觀法性，不假諸相，所緣卽境實自性故，名與境無差別也。由彼與境二俱無異，是故此智名無分別也。是爲此智得名甚深。

已說此智無分別義，諸餘經中復說諸法皆無分別，其義云何？頌曰：

應知一切法，　本性無分別，　所分別無故，　無分別智無。

一切諸法法性安住，法界安立，空無我性不可言性，法爾圓成，是故不可說一切法是色是心，是假是實，是空是有。應知一切法本性無分別也。當知分別，皆是有情隨心假立，不得眞性，不稱實境。諸所分別，皆是分別自心，亦是分別言說戲論。所以者何？彼所分別諸言說性，無所有故。如前已說。是故說言所分別無故，復次，頌言無分別智無者，二釋俱云：若一切法本來自性無分別者，何不一切有情之類從本以來不作功用自然解脫？由彼有情於一切法無分別性現證眞智本來未生故，諸菩薩等於一切法無分別性種姓爲因證智已生，由此道理諸菩薩等能得解脫，非餘有情。現證眞實，卽無分別智也。此說雖諸法本來無有分別，然由無有證彼無分別性之無分別智故，一切凡夫不得解脫也。亦可此中義顯諸法本無分別，諸所分別體悉是無，但隨心識而轉變故。如是若執此無分別智眞實有者，亦是法執。是故說言：所分別無故，能分別智無。此顯諸法能緣所緣平等平等，皆性空義。云何應知諸所分別體悉是無，但隨心識轉變生起，能所分別體性空耶？彼論頌曰：

鬼傍生人天，　各隨其所應，　等事心異故，　許義非眞實。　於過去事等，
夢像二影中。　雖所緣非實，　而境相成就。　若義義性成，　無無分別智，
此若無，佛果　證得不應理。　得自在菩薩，　由勝解力故，　如欲地等成，
得定者亦爾。　成就簡擇者，　有智得定者，　思惟一切法，　如義皆顯現
無分別智行，　諸義皆不現。　當知無有智。　由此亦無識

如是多頌，以唯識道理成立所執境界非有，及識亦無。義趣繁廣，具如二釋中釋，此中不詳。

上來已依十六門義具廣分別無分別智彼論復說三智種類及說無分別智卽是般若波羅密多。又以五相顯菩薩智與諸聲聞智體相差別。並釋如次：

言三智種類者，謂加行智有三種：一因緣所生，由菩薩種姓爲因生故。二引發所生，由前前生已習爲因發起加行故。三數習所生，由現在生中數數修習，起加行故。根本無分別智亦有三種：一喜足無分別智，此復二種：一者凡夫菩薩，於聞思智已得究竟，更無所求，故生喜足，此卽名爲思現觀故，假名無分別智。二者外道凡夫證第一有，執爲涅槃，而生喜足，更不希求出世聖道故，假名無分別智，此二非實。二無顚倒無分別智，謂卽二乘得諦現觀，由離常等四顚倒故。三無戲論無分別智，此卽菩薩無分別智，以於無常等乃至菩提亦不分別，所證眞如過名言路，超世智境，是名無戲論無分別智。後得無分別智有五種：一通達思擇，從根本智出，思擇已能通達眞如理故。二隨念思擇，從彼出已，隨念已得證如智故。當知通達思擇，應是法智。隨念思擇，卽類智也。三安立思擇，從後以諸名言安立諦理爲他宣說。四和合思擇，和合諸法總觀一相，所謂無相，卽總緣智。由此智故進取轉依。或轉依已，重起此智。五如意思擇，此卽神通智，由於境界隨意轉變成金等故，爲得如意故起思擇。是爲三智種類差別。

般若波羅密多與無分別智無有差別者，如說菩薩安住般若波羅密多，非處相應，能於所餘波羅密多修習圓滿。非處相應者，謂遠離五種處故。一遠離外道我執處故，由彼外道執我能住般若，般若是我所。菩薩般若，斷此分別故。二遠離未見眞如菩薩分別處故，未得見道凡夫菩薩，分別，彼是眞如，彼是般若，但住名想分別義故。三遠離生死涅槃二邊處故。凡夫住於生死，二乘住於涅槃，菩薩於此都無分別而無住故。四遠離唯斷煩惱生喜足處故。聲聞獨覺於彼喜足，不能進斷法執。菩薩二障俱斷，故能我法俱無分別。五遠離不顧有情利益安樂住無餘依涅槃界處故。不同聲聞住無餘依；菩薩悲智等運有大勢用，成就無盡功德藏故。由是菩薩般若波羅密多，於五種處多不住故，顯示菩薩般若是眞無分別智。以於我執，名相，染淨，有，空，都無分別故。由不分別，故能無住，由無住故，眞到彼岸。

聲聞等智與菩薩智互相差別，一由無分別差別，聲聞但於我我所處得無分別，菩薩於蘊等一切法無分別故。二由非少分差別，聲聞等智唯能自濟證少分如，緣少分境，功德少分；菩薩一切智智證二空性，緣一切境，無邊功德，普能度脫一切有情故。三由無住差別，聲聞等智唯不住生死，菩薩生死涅槃俱無住故，四由畢竟差別，聲聞等智無餘依涅槃界功能已盡，智隨身滅，菩薩妙智，於無餘依涅槃界中，畢竟無斷盡故。五由無上差別，聲聞智是有上，菩薩果智是卽無上正等正覺，無有餘乘能過此故。

頌曰：

諸大悲爲體，　由五相勝智，　世出世滿中，　說此最高遠。

攝大乘論增上慧學分，已廣顯示智慧體相。依瑜伽等，復有差別。菩薩地中，九相分別。謂自性等論曰：云何菩薩自性慧？謂能悟入一切所知，及已悟入一切所知，揀擇諸法。普緣一切五明處轉：一內明處，二因明處，三醫方明處，四聲明處，五工業明處。當知卽是菩薩一切慧之自性。又云：云何菩薩一切慧？謂略二種：一世間慧，二出世間慧。此二略說，復有三種：一能於所知眞實隨覺通達慧，二能於如所說五明處及三聚中決定善巧慧，三能作一切有情義利慧。於離言說法無我性，或於眞諦將欲覺悟，或覺悟後所有妙慧，最勝寂靜，明了現前，無有分別，離諸戲論，於一切法悟平等性，入大總相，究達一切所知邊際，遠離增益損減二邊，順入中道，是名菩薩能於所知眞實隨覺通達慧。若諸菩薩於五明處決定善巧，廣說如力種性品應知其相，及於三聚中決定善巧，謂於能引義利法聚，非義利法聚，俱非法聚，皆如實知，於是八處所有妙慧善巧攝受，能速圓滿廣大無上妙智資糧，速證無上正等菩提。能作一切有情利義慧有十一種，如前應知，卽於彼位所有妙慧，當知是名饒益有情慧。此中眞實隨覺通達慧，卽前所顯加行根本後得三種無分別智。善巧饒益二種，前略不說。所以者何？無分別智爲般若根本，此二唯是般若資糧助伴功德故。然菩薩智，不捨世間，普度有情，於一切境一切功德無礙隨轉。是故般若成大般若。所成菩提，名大菩提。故餘二智，一切菩薩應廣修學；否則便墮聲聞智中。俱修三慧，是名難行。論云：云何菩薩難行慧？當知此慧，略有三種：若諸菩薩能知甚深法無我智，是名第一難行慧。若謂菩薩能了有情調伏方便智，是名第二難行慧。若諸菩薩了知一切所知境界無障礙智，當知是名第三最難行慧。此三如次，即是隨覺通達，饒益有情，諸法善巧也。菩薩般若爲母，方便善巧爲父，大悲度生以爲事業，故此三慧，缺一不辦。超諸世間，及聲聞等，三大阿僧祇劫，而後完成一切智智，故名難行慧也。彼論依此三慧，更說四種一切門慧，二門五種善士慧，六種七種總十三種一切種慧，八種遂求慧，九種此世他世樂慧，十種清淨慧。十種清淨慧者，於眞實義有貳種慧，謂由盡所有性，及如所有性，取眞實義故。於流轉義有二種慧，謂取正因果故。於正受義有二種慧，謂顚倒不顚倒如實了知故。於方便義有二種慧，謂一切有情所應作所不應作如實了知故。於究竟義有二種慧，謂雜染如實了知雜染，清淨如實了知清淨故。如是菩薩五義十種差別淨慧，當是是名最勝淨慧。當知瑜伽凡所宣說，多分依於加行後得一切智說，此與般若多分宣說根本智者相略異也。智者於此，應正了知。

又此智勝義相者，當知卽是根本無分別智，於一切法不取著故，實證現觀法實相故。如諸經論處處宣說。加行智者，不名勝義，是有漏故，有分別故。後得智者，體無漏故。無所著故，雖有分別，亦是勝義。

又此智威力相者，瑜伽說云：『謂諸菩薩具足妙慧，能斷無明，慧所對治，是名第一。卽此般若能作自己菩提資糧，能以布施愛語利行同事攝事成熟有情，是名第二。於所知義如義覺了，能引廣大清淨懽喜以自饒益普爲有情稱理說法令其獲得現法當來利益安樂以饒益他，是名第三。由是因緣攝諸善根，能正所作，於當來世能證二障離繫，謂煩惱障離繫，及所知障離繫，是名第四。是名般若威力四相，除此無有若過若增。』

般若體相深廣若斯，非大菩薩難具宣說。前依聖敎，已略顯示。然諸始業凡夫菩薩，應當云何次第修習，乃得成就彼功德耶？曰：當由多聞，思惟觀察，次乃證入實智現觀。次更修習，乃至成滿。聞思修慧，次第如是。

一切菩薩云何修習聞所成慧耶？

謂諸菩薩，當如是念：一切有情，知能有限。凡夫所知，皆從他得。農務工商一技一能，必有師承，必經敎授，而後能之。而彼技能又由人羣經驗，次第發明，輾轉傳來。故無離羣索居，不學不問，固閉自是而成其才智者也。世間技能，尙且若斯。況於出世聖道甚深妙理，自度度他，無上智慧，而可不從多聞，依於諸佛，依於聖法，依諸菩薩諸善知識，能自覺悟自成辦者？是故親近善友，聽聞正法，是爲菩薩學慧根本。如佛世尊菩薩藏經中說如是言：

如人入闇室，覆蔽絕光明。雖有衆色像，非明眼所見。如是隨有人，內具諸明解，不聞於正法，善惡何能曉？多聞解了法，多聞不造惡，多聞捨無義，多聞得涅槃。善聽增長聞，聞能增長慧，爲世大光明，行菩提妙行。

又如華嚴經中，文殊師利菩薩告善財童子言：菩薩第一之藏，具一切智，所謂求善知識，親近恭敬而供養之。

菩薩地中復說：

菩薩云何求聞正法？謂諸菩薩，於善說法，應當安住猛利愛重，求聞正法。其相云何？謂諸菩薩爲欲聽聞一善說法，假使路由猛焰熾然大熱鐵地，無餘方便可得聞者，卽便發起猛利愛重，歡喜而入，何況欲聞多善言義？又諸菩薩，由自身分，及於一切資身衆具飲食等事，所有愛重，於欲聽聞諸善說法所有愛重，百千分中不及其一，數分算分乃至鄔波尼煞曇分亦不及一。菩薩如是於善說法深生敬重，常樂聽聞無有勞倦，亦無厭足。淨信淳厚，其性柔和，心直見直，愛敬德故，愛敬法故，往法師所。無詰難心，有敬重心，無高慢心，專爲求善，非顯己德，爲欲安立自他善根，不爲利養恭敬因緣。無雜染心，無散亂心，聽聞正法。云何無雜染心？遠離貢高、輕慢、怯弱三雜染故。由六種相，心離貢高，謂應時而聽，殷重而聽，恭敬而聽，不爲損害，不爲隨順，不求過失故。由四種相，心離輕慢：恭敬正法，敬說法者，不輕正法，不輕說法者。又聽法時不自輕懱，由此一相心離怯弱。又由五相無散亂心聽聞正法，謂求悟解心，專一趣心，聆音屬耳，掃滌其心，攝一切心聽正法故。菩薩如是求聞正法。

一切凡夫由昧如是三種義故，不能成就多聞智慧，或雖有聞，成於邪智，不能受用，不能修習。謂由不求多聞故，淺薄自甘，孤陋自喜，於少言義便生喜足。或於世智邪見，執爲無上，以爲究竟。當知此等人或自甘愚痴，或自謂聰明，故於無上正法廣大教海，無緣無分，莫由通達。然自甘愚痴之人少，自謂聰明之人多。由執己是故不求多聞。

是故天下至愚難救之人，莫過自作聰明自以爲是者也。孔子曰：舜其大智也歟？舜好問而好察邇言。……又曰：吾非生而知之者，好古敏以求之者也。……由是可知，欲求多聞，當廣心量。欲廣心量，當先自知其不足。愈能知其不足，則心虛而量廣。心虛量廣，故能求多聞。能求多聞，則天下之善皆吾之善，衆人之明，皆吾之明。況夫遇善知識，得佛菩薩正敎正法而修習之，受用寧有窮盡耶？是故第一大智，莫過自知不足而多聞正法者也。蘇格拉底云：吾無有知，吾但知吾無知耳。賢哉其言乎！允爲哲人矣。欲求多聞，故必廣求善知識。求善知識者，致敬盡禮，深情愛敬，而弗敢有慢心焉。求善知識者，求其德也，求其智也，求其法也。不以形色威儀，族姓貴賤，男女老幼等而異其愛敬之誠焉。昔者善財菩薩之參禮善知識也，比丘五，比丘尼一，長者八，居士二，優婆夷四，童子四，女三，童女二，國王二，夫人一，婆羅門二，船師一，樂師一，外道一，神十一，仙一，菩薩五，共五十四人。善財咸以恭敬殷重之心，作導師想，作救護想，作父母想，禮敬問訊，五體投地，殷勤供養，深思渴仰，而無一毫雜染輕慢計度之心存焉。唯以大菩提心，一切智心，自救救護一切有情大悲願力而求法心，親近善知識，禮敬善知識，請問善知識，故能入諸法門，不假三刧入等覺地，經之所以垂範示教後人者，意深遠矣！後世之學佛者，既無善財之徧參知識求一切智心得少爲足，不求多聞。爲師者亦無五十四德『我唯有此法門，諸菩薩行我豈能知？於此南方某國某城某山某聚落中有某比丘比丘尼，長者居士，童男童女，國王夫人，婆羅門，船師，樂師，童子之師，賣香者，和藥者，乃至外道，諸大菩薩，汝當詣彼慇懃受學。』之量。好作師拳，好立門戶，自讚毀他，憍慢固執，師徒授受，守一經，持一義。三藏不學，大德不參，閉戶稱尊，埋沒聖教。於是聽外道之讒，起邪說之競興，以摧滅三寶而已。況能上求菩提，下度衆生，以發揚光大諸佛菩薩大悲濟世之心願哉？故今之務，爲師者當開放門戶，大公無我，不作師拳，宏通正法。爲弟子者，當廣其心量，求法無厭，常知不足，廣參知識。則正法可興，而慧學可成也。或謂方今末世，知法者希，又僞多眞少，何由而得如許善知識耶？曰，堯舜之聖，問方蒭蕘，如來因中，雪山求法，半偈捨身，師彼惡魔。孔子曰：三人行，必有我師焉。擇其善者而從之，其不善者而改之。子但廣子之量，虛子之心，發子之願，不懼天下之大無教子者。否則慢心不去，悲願不宏，雖佛出世，猶有提婆達多五羣比丘之謗佛謗法者也。今之聰明黠慧，能多聞者，雖有俗慧，而無信心。勤研佛典，不樂修行。辯說論議，以爲兒戲。或因正法，以罔虛名。或藉契經以求實利。挑兮達兮，不自貴重。爲弟子則懷憍慢，無恭敬受教之忱。爲師長，則浮薄猖狂，無威嚴範人之德。念彼癡愚，我心則悲。是則雖樂多聞而不知如何聞法，何故聞法：根器淺薄而無淨信者之過也。華嚴經中文殊菩薩教善財言：『若離信根，憂悔心沒，功行不具，退失精勤。於少功德，便以爲足。於一切善心生住著。不發起菩薩行。不爲善知識之所攝護，不爲如來之所憶念。是等皆不知如是法性，如是理趣，如是所行，如是所住，若周偏知，若種種知，若盡源底，若漸趣入，若解脫，若分別，若證知，若獲得，如是一切皆悉不能。』是故慧學方便，多聞爲本。多聞之要，淨信爲根。諸求法者，可不深思熟慮也哉？受學菩薩已具多聞者，次應如理作意，思惟觀察彼義。

瑜伽聲聞地云：云何思正法？謂如有一，卽如所聞所信正法，獨處空閑，遠離六種不應思處：謂思議我，思議有情，思議世間，思議有情業，思議果異熟，思議靜慮者靜慮境界，思議諸佛諸佛境界。但正思惟所有諸法自相共相。

此中我及有情，是諸見依處，是煩惱依處，故不應思。此中世間，是戲論依處，故不應思。如說世間有邊無邊，爲斷爲常，一元多元，唯心唯物等等戲論，自古迄今無有能解決之者。有情業果甚深難知，罔費心力，故不應思。靜慮者，靜慮境界，諸佛諸佛境界，非其境故，故不應思。如是六處，或是煩惱諍論依處，或是力所不及，非其境處，均不應思。徒思無益，而翻有過。不能令心通達正理，不能令心定，但令其心紛紜煩擾散亂馳求，煩惱生起，爲思之過，故不應思。顯揚聖教論有不可思議品，說如是義。故諸學者，當正遠離。遠離彼不正思已，次應如理思惟諸法自相共相。云何思察？

如是思惟，復有二種：一者以算數行相，善巧方便算計諸法。二者以稱量行相，依正道理，觀察諸法功德過失。

如言色者，卽十色處及墮法處所攝衆色，是名色蘊。所言受者，卽三種受，是名受蘊，六想身，六思身等六識身等，是名想蘊，行蘊，識蘊，是爲以算數行相思惟諸蘊，自餘更有無量差別。

以稱量行相思惟諸法者，謂依四道理，無倒觀察。一觀待道理，二作用道理，三證成道理，四法爾道理。觀待道理略有二種：一生起觀待，觀待因緣生起諸蘊故。二施設觀待，觀待名言施設蘊等故。作用道理者，謂諸蘊生已由自緣故，有自作用，各各差別。謂眼能見色，耳能聞聲，鼻能齅香，舌能嘗味，身能覺觸，意能了法。色爲眼境，爲眼所行；乃至法爲意境，爲意所行，如是等類諸法作用，是名作用道理。證成道理者，如說諸蘊皆是無常，苦，空，無我。由三量故，如實觀察。謂至教量，現量，比量。由是觀者決定智生，知蘊無常，苦，空，無我，是名證成道理。法爾道理者，謂如問言：何因緣故卽彼諸蘊如是種類，諸器世間如是安布？何因緣故地堅爲相，水濕爲相，火煗爲相，風用輕動以爲其相？何因緣故諸蘊無常，諸法無我，涅槃寂靜？何因緣故，色變壞相，受領納相，想施設相，行造作相，識了別相？答此理者，由彼諸法本性應爾，自性應爾，法性應爾，卽此法爾，說名道理，瑜伽方便。或卽如是，或異如是，或非如是，一切皆以法爾爲依，一切皆歸法爾道理，令心安住，令心曉了，如是名爲法爾道理。

諸思法者先於諸法以算數行分別安布如理思已，次卽於彼以稱量行四種道理觀彼體相。謂先觀彼一切諸法待因及緣而後生，故生已各別有其作用。如是諸法，雖則相用不無，而依聖教現量比量皆是無常苦空無我，次復思察，如是諸法何故如是待因緣生，何故如是有彼彼用，何故如是無常苦空無有我耶？當知法爾如是緣生，法爾如是作用，法爾如是無常苦空都無有我。法爾如是，更無因緣，法爾如是，別無道理。由是便於諸法道理思及究竟，除此以上更無可思無異觀察。卽此便能令心寂靜，安住曉了，乃至漸能得正現觀。是爲如理思惟法相。

復次，諸法藏海無量故，多聞無量。聞無量故，思惟亦無有量。所謂思惟五蘊，十二處，十八界，思惟四諦，思惟四無礙解，思惟四依，思惟福智資糧，思惟三十七道法，思惟緣起，思惟有爲無爲一切法。如是乃至思惟諸法，待緣生故，生已卽滅，無常無我無有自性，畢竟空寂卽此空性是法實性，所謂眞如，實際，勝義，法界。又復思惟，諸法自性，無我體空，誰是能思及所思者？無執無取，超然無著，順入勝義。是爲菩薩如理作意思惟正法。卽此所成決定慧，解名思所成慧。

菩薩已得思所成慧已，次卽依彼決定思惟勤修止觀，止觀義具如解脫道論已廣分別。然此菩薩止觀有異聲聞乘者，當略顯示。如菩薩地云：『云何於大乘理趣三十七種菩提分法如實知？謂諸菩薩能於其身住循身觀，不於其身分別有性，亦不分別一切種類都無有性。又於其身，遠離言說自性法性，如實了知，當知名依勝義理趣，能於其身住循身觀修習念住。若諸菩薩隨順無量安立理趣妙智而轉，當知依世俗理趣能於其身住循身觀修習念住。如於其身住循身觀修習念住，如是所餘一切念住，所餘一切菩提分法，當知亦爾。如是菩薩於身等法不分別苦，不分別集，不分別此所作斷滅，不分別此得滅因道。又卽於此遠離言說自性法性，若苦法性，若集法性，若滅法性，若道法性，如實了知，當知名依勝義理趣修菩提分爲所依止緣諦修習。若諸菩薩隨順無量安立理趣妙智而轉，當知名依世俗理趣緣諦修習。此中菩薩卽於諸法無所分別，當知名止。若於諸法勝義理趣如實眞智，及於無量安立理趣世俗妙智，當知名觀。此中菩薩有四行當知名止：一勝義世俗智前行，二世俗勝義智果，三普於一切戲論想中無功用轉，四卽於如是離言唯事由無有相無所分別其心寂靜趣向一切法平等性一味實性，由此四行，是諸菩薩止道運轉，漸次乃至能證無上正等菩提智見圓滿。此中菩薩略有四行當知名觀：謂卽四行止道前行，於一切法遠離增益不正執邊，遠離損減不正執邊，及與隨順無量諸法差別安立理趣妙觀。由此四行，是諸菩薩觀道運轉，漸次乃至能證無上正等菩提智見圓滿。』此中止有四行，一勝義世俗智前行者，謂由此止能得二智止爲觀因故。二勝義世俗智果者，謂由智增上止道勝進，止爲觀果故。三普於一切戲論想中無功用轉者，此顯此止所止所遠離故，謂遠離一切戲論想，止心於離一切戲論處，不住一法而住其心故，此是止之自相。四卽於如是離言唯事由無有相無所分別其心寂靜趣向一切法平等性一味實性者，此顯止之作用。此止是證離言無相實性眞如之所依止，由如是止即是平等三摩地故。觀四相中止相前行，謂此觀是止因，由於正觀令心止故。於一切法悉離增益損滅二邊，是勝義智自相。隨順無量諸法差別安立理趣妙慧，此是世俗智自相。即由如是大止妙觀互爲因緣，更互引發，成就靜定及以正慧，依修止觀，依修靜慮而起之智，名爲修所成慧。依止此慧，能入見道修道乃至成就無上正等菩提。

如是已說菩薩智慧依聞思修次第修習。然復當知：如是智者，以施，戒，忍，精進，靜慮，爲助伴故，於修慧時應並修習。否則戒定不足，實智難成。或乃流入狂慧，惡取空等。尙自不能解脫出離，況能成就自度度他大乘無量微妙功德？諸有智者應善了知。如是已說智慧竟。

六度抉擇

六度別義，次第已明。六度總義，應更抉擇。深密，雜集，唯識，各有多門，今略辯五義，一者釋詞，二者相，三者數，四者次第，五者攝。

云釋詞者，如是施等名波羅密多者，雜集論云：『最勝所作故，最勝所至故，名波羅密多，一切佛菩薩所爲所到故。復次到所知彼岸故，名波羅密多，安住佛性故。復次，度濟自他最極災橫故名波羅密多，能令自他越度生死大苦海故。』此顯此六爲最勝者之所行故，之所到故，又能到達所知彼岸大菩提果，又能普度自他有情同越生死，故說此六名到彼岸。彼岸卽是煩惱所知二障淨盡大般涅槃大菩提果。此能到彼，名到彼岸。二乘雖斷煩惱障不斷所知障。雖能自脫生死，而無力能普度自他，所行施等勢用微劣，不名波羅密多。

所云相者，以何等相此施戒等成波羅密？諸經論中或說五相，或七種相，或時說有十二種相。云五相者，如解深密經說由五因緣故名波羅密多。一者無染著故，二者無顧戀故，三者無罪過故，四者無分別故，五者正迴向故。無染著者，謂不染著波羅密多諸相違事，謂於慳著身財，縱身語意犯戒現行，不忍他害忿恚反報，懶惰懈怠散亂，邪見等相違事中，深生厭患，不染著故。無顧戀者，謂行施等無有希望後果異熟，及現生中謂爲恩德求他報故。無罪過者，謂於施等無間雜染法，離非方便行故。此中無悲加行，不如理加行，不常加行，不殷重加行，名間雜染法。若於有情但以財物現行饒益便生喜足，而不令其出不善處安置善處，名非方便行。無分別者，謂於如是波羅密多不如言詞執著自相，執我行施，執有受者，執施功德，如是等。正迴向者，謂以如是所作所集波羅密多，迴求無上大菩提果，更不希求世間果報，及以二乘解脫，亦不以施等卽爲究竟，要以無上大菩提果爲所志求，如是施等作彼因故。菩薩以是五種行相而行施等，能到彼岸，故名施等波羅密多。又如是行而行施等，當知復有七種清淨之相：一者菩薩於此諸法不求他知，二者於此諸法見已不生執著，三者卽於如是諸法不生疑惑，謂爲能得大菩提不，四者終不自讚毀他有所輕懱，五者終不憍傲放逸，六者終不少有所得便生喜足，七者終不由此諸法於他起妬嫉慳悋。如是等，具如解深密經說。言七種相者，成唯識論九云：『要七最勝之所攝受，方可建立波羅密多。一安住最勝，謂要安住菩薩種性。二依止最勝，謂要依止大菩提心。三意樂最勝，謂要悲愍一切有情。四事業最勝，謂要具行一切勝事。五巧便最勝，謂要無相智所攝受。六廻向最勝，謂要廻向無上菩提。七清淨最勝，謂要不爲二障間雜。若非此七所攝受者，所行施等非到彼岸。』十二種相者，雜集論云：『由與十二種最勝相應故名波羅密多。一廣大最勝，不求一切世間樂故，又最上故。二長時最勝，經三大刼阿僧企耶所積習故。三所爲最勝，爲利益安樂一切有情故。四無盡最勝，由廻向大菩提究竟無盡故。五無間最勝，由得自他平等勝解，令諸有情於施等波羅密多速圓滿故。六無難最勝，唯由隨喜他所行施等，令波羅密多速圓滿故。七大自在最勝，由得虛空藏等諸三摩地，令布施等波羅密多速圓滿故。八攝受最勝，無分別智所攝受故。九發起最勝，謂解行地中上品忍位所行施等波羅密多。十證得最勝，謂初地中所得施等波羅密多。十一等流最勝，謂八地中所行施等波羅密多。十二圓滿最勝，謂第十地及如來地所有施等波羅密多。如其次第，菩薩圓滿故，佛圓滿故。』

所云數者，何故波羅密多唯有六種，不增減耶？依深密經，雜集，唯識，說有多義。一者，卽此六度能具成滿菩薩道故。諸菩薩道，總略二種：一者增上生道，此有三種，謂大資財，自體，眷屬，此由前三具足成滿。謂由布施，攝大資財，由淨戒故得大自體。由安忍故，感大眷屬。二決定勝道，此亦三種：謂伏煩惱，成熟有情，成熟佛法。此由後三具足成滿。謂由精進修習善品，伏諸煩惱。由靜慮故，引發神通，成熟有情。由智慧故，成熟佛法。故此六度不減不增。又菩薩道自度度他行，不過二種：一饒益有情，二對治煩惱。此中六度，具足成就。謂由前三，饒益有情。施彼資財，不損惱彼，堪忍他惱而饒益故。後三對治煩惱，精進能修對治煩惱諸善加行，損彼勢力，由靜慮故永伏煩惱，由智慧力令永斷除。又由施等不住涅槃，由後三故不住生死。爲無住處涅槃資糧，故唯有六。由諸菩薩爲翻住涅槃故，於生死中攝增上生。爲翻住生死故，卽於生死而不染汙。前三是得增上生方便，後三是不染汙方便。由能對治煩惱，故不染汙。

於餘經中說到彼岸共有十種，謂此六外，更有其四：方便善巧，願力，及智。今此何故無說耶曰，卽第六中，別開爲四。當知皆是加行後得二智所攝，爲助前六，而別立故。如解深密經云：『謂諸菩薩於前三種波羅密多所攝有情，以諸攝事方便善巧而攝受之，安置善品。』由令施等善順有情而成熟故，令諸所行無過失故，及令施等少功用力感大果故，說名方便善巧。此如善慧施等廣說。經云：『若諸菩薩於現生中煩惱多故，於修無間無有堪能，羸劣意樂故，下界勝解故，於內身住無有堪能，於菩薩藏不能聞緣善修習故，所有靜慮不能引發出世間慧，彼便攝受少分狹劣福德資糧，爲未來世煩惱輕微心生正願，如是名願波羅密多。由此願故，煩惱微薄，能修精進，是故我說願波羅密多與精進波羅密多而爲助伴。』由有大願乃發精進，意欲且無，無精進故。經說『若諸菩薩親近善士聽聞正法如理作意爲因緣故，轉劣意樂成勝意樂，亦能獲得上界勝解，如是名力波羅密多。由此力故，於內心住有所堪能，是故我說力波羅密多，與靜慮波羅密多而爲助伴。』謂由聽聞，思惟，憶念，正知，精進，串習六種力故，便能成辦內住，等住，安住，近住，調伏，寂靜，最極寂靜，專注一趣，及與等持九種心住成靜慮故。經云：『若諸菩薩於菩薩藏已能聞緣善修習故，能發靜慮。如是名智波羅密多。由此智故，堪能引發出世間慧。是故我說智波羅密多與慧波羅密多而爲助伴。』謂由緣聖教加行智故，勤修止觀，能得靜慮，及能引發根本無分別智也。此中所說如是四度皆就加行智說。當知餘處說此四度是後得智。如成唯識論十度中云：『後五皆以擇法爲性，說是根本後得智故。』此言第六唯是根本智，餘四後得智也。當知由就地前說，四是加行智。入地以去，是後得智也。故不相違。如是四度，慧度所攝，別無自性。助成六故，無別異能。是故經論，多不別說。由是此中，但說六度。

言次第者，云何六度如是次第？成唯識論云：『謂由前前引發後後，及由後後持前前。又前前粗，後後細故，易難修習，次第如是。』前前引發後後者，謂依施等引發戒等，前前爲後生起因故。雜集論云：『菩薩摩訶薩由施波羅密多串習捨施內外事故，不顧身命，棄大寶藏，受持淨戒。由護戒故，他所毀罵，終不反報。由如是等，遂能堪忍。以能堪忍寒熱等苦，雖遭此緣，加行不息，發勤精進。精進方便，證究竟果，成滿靜慮。靜慮滿已，由淨定心如實知故，證得出世究竟大慧。』是謂前前引發後後。後後持淨前前者，謂由慧等攝持定等，令得成滿，令清淨故。雜集論云：『由行布施攝益有情，由具尸羅不爲惱害，是故菩薩於受施者以離惱害善能施與清淨樂具，故由淨戒力施得清淨。如是由忍力故，戒得清淨。由能忍受他不饒益，終不毀犯所學處故。由精進故，忍得清淨。由勇猛力久處生死，不以爲難，能受衆生違逆苦故。由靜慮故，精進清淨。由喜樂俱，能勤修習一切善法無休息故。由具慧故，靜慮清淨。若由無量門數數觀諸法，能證內寂靜，增長三摩地故。又伽他說：無有靜慮而不因慧。』又由戒故，終不非理行於布施。由忍力故，雖遇違緣，猶不毀戒。由精進故，一切無畏，無畏行忍，非怖畏故。及於怨害利益加行無休息故。由靜慮故，所行精進平等道轉，適樂相應，無有倦息。又由發起四無量心五神通等，於利他行廣大無量無休廢故。由智慧故，現觀實證諸法眞性，由此靜慮成出世故。是故前前，由於後後而得清淨，此皆依次鄰親以說。當知施等，亦引忍等，乃至於慧，慧等亦能淨持精進，乃至持施。以非鄰親，是故不說。由是六度互助成故，皆相引持。言粗細者，於諸行中施爲最粗，故先建立。諸無戒者，尙行施故。於忍行等，戒復爲粗。有恃淨戒，而陵懱他，於犯禁者起忿恚故。乃至於慧，靜慮爲粗。雖無出世無漏正智，而於世間四禪無色得安住故。一切行中，慧爲最細，諸佛菩薩無上菩提依慧立故。尙非聲聞獨覺等境，是故此慧最極難知，故最後立。凡此粗細，就因位立，次第引生，粗細如是。於如來位，當知六度平等平等，皆是最勝微細難修。

所云攝者，一者六度互攝，二者攝諸正行。

云六度互攝者，成唯識論云『一一皆攝一切波羅密多，互相順故。依修前行而引後者，前攝於後，必待前故。後不攝前，不待後故。依修後行，持淨前者，後攝於前，持淨前故。前不攝後，非持淨故。若依純雜而修習者，展轉相望，應作四句。』此中云一一皆攝一切波羅密多互相順故者，謂如惠施是施。然卽此施，如法如儀，慈悲利他，卽是律儀戒，攝善法戒，饒益有情戒故。於諸身財難捨能捨，於法施時難說能說，又於怨害有情而行施等，卽是三種忍故。卽於此中數數發起勇勵施心，是精進故。又於施時其心純善，繫心一境，不外流散，是卽靜慮。善取施行，如實因果，不取異見；或行勝義，不取三輪；卽是慧故。如是乃至慧波羅密，亦復如是。然此六度，於因位中，未能於一行中修萬行故，六度不必盡能相攝，於自在位，於一行中一切行者，當知六度皆盡相攝。首楞嚴三昧經云『菩薩云何於念念中生六波羅密？堅意，是菩薩一切悉捨，心無貪著，是檀波羅密。心善寂靜，畢竟無惡，是尸波羅密。知心盡相，於諸塵中而無所傷，是羼提波羅密。勤觀察心，知心離相，是毗梨耶波羅密。畢竟善寂，調伏其心，是禪波羅密。觀心知心，通達心相，是般若波羅密』由此故知，六度皆互相攝。

二攝諸正行者，一切菩薩所有正行，無量無邊，然皆攝在此六度中。是謂六度，攝諸正行。十善業道，戒度所攝。靜慮解脫等持等至，一切三昧，靜慮所攝。念住，正斷，神足，根力，覺支，道支，六度所攝。或精進，定，慧，及戒所攝。九想，十想，十種隨念，定慧等攝，彼方便故。三無漏根，六度所攝。隨諸菩薩資糧，加行，見道，修道，及究竟道，分別立故。奢摩他，毗鉢舍那，定慧所攝。四種攝，四種攝事，六度所攝。布施，愛語，施度所攝。利行同事，六度徧攝。四種勝住，四無量心，靜慮所攝。三明，五眼，六種神通，定慧所攝。七種聖財，施度，戒度，及慧度攝。八大士覺，慧度所攝。九有情居，智陀羅尼門，三摩地門，定慧所攝。十地，十行，乃至如來十力，四無畏，四無碍解，十八佛不共法，三十二大士相，八十隨好，無忘失法，恆住捨性，一切智，道相智，一切相智，一切相微妙智，大慈大悲，大喜大捨，及餘無量無邊佛法，隨應皆此六度所攝。是故六度，能攝菩薩若因若果一切正行。又菩薩行總攝三學，謂增上戒學，增上心學，增上慧學。如是六度，徧攝三學。惠施，淨戒，安忍，增上戒攝。施度者，戒學資糧故。戒度者，戒學自體故。安忍者，戒學眷屬故。靜慮卽增上心學。般若卽增上慧學。精進一種，徧攝三學，以修三學皆賴精進策發成滿故。又諸菩薩具二資糧，成大菩提。一者福德資糧，二者智慧資糧，皆六度攝。施，戒，忍三，福德資糧。般若，智慧資糧。精進，靜慮，徧二資糧。精進徧策成滿二資糧故，靜慮爲自樂住及爲利生發神通等福德資糧，靜觀法相引發勝慧者，智慧資糧。由此六度，徧攝一切菩薩行故。但說六度，卽已徧說諸菩薩行。修六度者，便能徧修成滿一切正行。如是已說菩薩正行竟。

正行清淨第五

言正行清淨者，如總持中言：『如是至誠勤勇修行一切善法，而無我想，人想，有情想，法想非法想，如如不動，不取於相。』

此言何義？謂言菩薩雖如上來廣說至誠勤勇修行一切善法，而無我法二執，執取一切善法相故，緣於勝義，無著無動，而修正行。

此中我想人想有情想者，是謂我執，法非法想，是謂法執。如如不動，不取於相，是緣勝義修正行義。

謂若執有我人有情法非法想者，彼於修行布施等時執我是施者，人是受者，有是有情施受於施有此施等一切善法爲我所行，爲我所有，或復撥無一切法故說都無有一切善法。由執我法等所行施等皆不淸淨。由執無有一切法故，不能修習一切善行，亦不淸淨。故必捨離如是我法實有增益妄執，及捨撥無諸法損減妄執，正行中道，如如不動，不取於相，如是修行一切善法，諸菩薩行乃得清淨。所云如如者，如法實相，不增減故。由如如故，是以不動，是不過不捨義。不取於相者，是卽不取人我有情法非法相，如實正行而無執義。由此無相如如不動故，諸菩薩行，悉得清淨。

或謂由有人我有情，乃有施者受者，由有施等善法，乃得菩提涅槃。云何說言，有我法執，一切正行不清淨耶？

曰：一切諸法待因緣生，生已卽滅，無定常性可說爲法。離於諸蘊，別無我故，無主宰故，是故無我。此我法無，是勝義性，如前廣說。於勝義中，起妄執故，所行施等故不清淨。又由執有我人有情法非法等，便有高擧希求，及疲厭故，所行施等不能清淨。由彼執我是施者；我有是施，有是善法：便自高擧陵慢他故。又執他受我施，求反報故。執我行施等而自高陵他者，便於施等不能畢竟長時修集，生厭倦故。謂如說言：我已施彼，彼既受施，何復於彼更行施耶？我有施等如是善法，何復勞劬更修習耶？故於善法有所得者，彼所行善非是清淨，不能究竟。唯於施等無有我人法非法想：諸分別者，乃能無慢無高恆行諸法，而無所得。故能畢竟無厭倦心，令得究竟。是故菩薩，不取諸相，如如不動勤修善法。

菩薩云何雖行諸善而能無有我人有情法非法想如如不動不取相耶？曰，由大悲故，由大智故，勤行善法，不取於相。由大悲者，謂如說言，一切菩薩攝受一切有情以爲自體，既大悲心攝他爲自，他卽是自，自卽是他，我諸行施，無異他施。他諸所受，無異自受。此中云何，生起分別，我施他受一切相耶？由不執有自他施故，卽於施等不深執持，不自矜舉。諸所有行殊勝善法，彼皆視同分所應爲，尋常事故，由是於法亦無所執。由大智者，謂由般若證諸法空，我人有情善惡法等皆假施設，不可得故。法尙不可得，何況非法而可得者？能斷金剛般若經云：法譬如筏，已得度時，法尙應捨，何況非法？由是故於諸法都不取相，諸見悉空。唯爲度脫諸有情故，大慈大悲，方便善巧，勇猛精勤修諸善法。如是等義，諸經論中具廣宣說。前六度中已多引證，恐厭繁文故不廣述。

一切菩薩由大悲故，修行一切善法。由般若故，於一切善法都不取相，令行清淨。

由五度故，廣行施等一切功德。由慧度故，觀一切法空令得清淨。由諸菩薩悲智等運，六度齊修，故能攝受一切有情以爲自體。爲欲拔除一切雜染成就無上菩提，故至誠懇摯勇猛精勤修行一切善法。如是至誠勤勇修行一切善法，而無我想人想有情想，法想非法想。如如不動，不取於想。如是之行，故名大士行。所以者何？以彼所行體量大故，願求大故，正行大故，清淨大故。修如是行，故名摩訶薩。與大菩提大般涅槃正爲資糧，正作方便。此是彼因，彼是此果。如是已說大士行竟，彼果次當說。

大士行果

諸大菩薩修行正行經於五位，十三種住，圓滿二果，一者大菩提，二者大涅槃。是卽如來清淨法身。由大士行之所得故，名大士行果。

五　位

言五位者，一者資糧位，二者加行位，三者通達位，四者修習位，五者究竟位。

資糧位者，始從發起大菩提心，乃至未得順抉擇智，依於聞思信解修菩薩行，積集施戒忍進靜慮般若六度所攝福德智慧二種資糧，是爲資糧位。卽此又名順解脫分，爲諸有情勤求解脫修正行故，卽此所行順趣解脫故。

加行位者，謂諸菩薩已無數刼善備福智二種資糧，順解脫分既成滿已，爲入見道現證眞如故，勤修加行，伏除二取，——能取所取，謂煗，頂，忍，世第一法。此四加行，總名順抉擇分。順趣眞實抉擇分故，近見道故，立加行名。非前資糧無加行義。依明得定，發下尋思觀無所取，立爲煗位。初獲慧日前行相故，立明得名，卽此所獲道火前相，故亦名暖，依明增定，發上尋思觀無所取，立爲頂位，明相轉盛，故名明增，尋思位極，故復名頂。依印順定發下如實智於無所取決定印持，無能取中亦順樂忍，印前順後，立印順名，忍境識空，故亦名忍。依無間定發上如實智，印二取空，立世第一法，從此無間必入見道，故立無間名。異生法中此最勝，故名世第一法。如是煗，頂，依能取識觀所取空。

下忍起時，印境空相。中忍轉位於能取識如境是空順樂忍可。上忍起位，印能取空。世第一法，雙印空相。如是四位精勤修習觀察空性，是名四加行位。

通達位者，由加行位勤觀空性，次第遣除所取能取分別相已，次世第第一法後有無分別智生，於所緣境都無所得，不取種種戲論相故。現觀法性，實證眞如，永斷分別煩惱所知二障種子，是爲見道。依於此道，現見眞實，故名見道。由此通達眞實理故，名通達位。如是見道復分二種：一眞見道，謂卽根本無分別智，實證空性，故名眞見道。次根本無分別智，有後得無分別智生，覆觀根本位能證所證正智眞如，審定印可，及爲有情以諸文字善巧施設宣說所證眞實諦理，如是一切名相見道。

修習位者，從見道起已，爲斷餘障證得轉依，復數修習無分別智，遠離所取能取分別，都無所得，妙用難測，不可思議，超出世間，漸次斷除二種粗重，由是漸次修習圓滿，便能證得菩提涅槃二種轉依，是名修道。

究竟位者，謂於修道旣圓滿已，次有無間解脫道生，實證無上正等菩提，已得[illegible]

竟大般涅槃四智三身淨土功德，一切一切皆悉圓淨，入於佛地，名薄伽梵。勝行已修，更不進修，妙果已圓，更不求得。唯是任運無盡功德利樂有情窮未來際。故名究竟位。

如是五位修斷功德，廣如成唯識論九十卷中次第宣說。

十三住

十三住者，謂種性住，勝解行住，極歡喜住，增上戒住，增上心住，覺分相應增上慧住，諸諦相應增上慧住，緣起流轉止息相應增上慧住，有加行有功用無間缺道運轉無相住，無加行無功用無間缺道運轉無相住，無碍解住，最上成滿菩薩住，最極如來住。

菩薩種性住者，何謂菩薩種性住？何等相狀菩薩種性住？

言種性住者，謂諸菩薩尚未發心，尚未修習菩薩正行，然彼自體持有菩薩如來種性，由彼具有如是種性故，雖未發心，終當發心。雖未修行，終當修行。唯待善緣，於菩薩道決定發起。雖經無量無邊大刼流轉生死，而彼種性始終安住，永無失壞，是名菩薩種性住。種性住菩薩相者，由彼具有菩薩種性故，性自仁賢，於施戒等德性自成就，亦能發起。但隨性轉，非由思擇。有所制約，有所妨護。故亦弗能始終一趣修行正行。凡所修行，亦不迴向大菩提果，以彼猶未發大心故。雖雜染性流轉生死，然終不能生起極重上品煩惱，造作一切極惡重罪，乃至斷諸善根，如是等相，是爲菩薩種性住相。

菩薩勝解行住者，何謂勝解行住，以何相狀觀察菩薩勝解行住？

謂具種性菩薩，已得善緣，親近善友，聽聞正法，於大菩提及諸有情已發決定求證拔濟堅固大心。由是因緣，便能發趣修菩薩行。六度四攝，皆廣修習。凡所修習，亦知迴向大菩提果。然由淨信勝解，依於他敎而修行故，非由實證實相眞如淸淨意樂而修行故，名勝解行住。如是勝解行住，凡所修行不決定轉，有時煩惱現前，有時善法現前。諸所修行，由思擇力，有分別慧黽勉修行，未能任性成辦所作。未得等持神通，無碍勝解。未能超越不活，惡名，死，及惡趣，處衆怯懼，五種怖畏。於諸有情時起邪行，於諸境界時起貪著，於資生具時起慳吝，未能任運哀愍有情。於三寶等隨信而行，聞思狹小，成就菩薩苦遲通行。於大菩提無猛利樂欲，無熾然精進，無有甚深牢固淨信。於諸境界色聲香味觸法中，或時顛倒忘失正念。於受生已，忘失前生。於所聞持諸法，有時忘失。或時具足聰慧悟入深理。或時具足憶念。有時不爾。未能如實了知調伏有情善巧方便，於自佛法亦未如實善巧引發。於敎他時，勉勵而轉，不如實知，有時虛棄，如闇中射，或中不中。或時退捨大菩提心，或時棄捨所受淨戒，或於利他生起厭倦，或時棄捨。由意樂故，欲令自樂，由思擇故欲令他樂，於他哀愍未能廣大。於諸學處未能普學。於無上覺自謂爲遠，未於涅槃增上意樂安立深固。如是等類，是爲菩薩勝解行住諸行相狀。此諸行相，於勝解行住下忍轉時，當知上品。中品轉時，當知中品。上忍轉時，當知下品。其性微薄，漸次能令無餘永斷，入於菩薩極懽喜住。入彼住已，此諸行相皆無所有。與彼相違諸白淨法，皆悉顯現。如是等相，大論廣說。

菩薩極懽喜住者，何謂菩薩極懽喜住，何等行相極懽喜住？

此住菩薩已入見道，初得無漏正性離生，生法王家，爲佛眞子，自知不久當證菩提，生極大懽喜以是故名極懽喜住。初入聖位，於十地中名極喜地也。此住行相，略有八種：一善決定二四相發心，三現起精進引發正願，四淨修住法，五開曉餘住，六修治善根，七受生，八威力。善決定者，謂勝解行住菩薩，凡所修行不善決定，此住菩薩除捨彼故，發起六相新善決定內證修性菩薩大願，超過一切餘白淨法，無等，不共果，是世間，超過一切世間境界，隨救一切有情苦故，不共一切聲聞獨覺。雖一刹那生起此願，法性自爾能得菩薩無量白法可愛之果。又此大願無變無盡，永無退轉。又是勝分，隨後邊際極大菩提。

四相發心者，卽上善決定願亦名發心，有其四相：一者，何相發心？由勝解行住已善積集一切善根，於菩薩行已正超出，如是發心。二者發心何所緣慮緣？當來世菩提資糧，利有情事，一切佛法，諸佛事業，四種圓滿，緣是發心。三者，發心何相何狀何自性起？謂此發心，無倒速疾發起一切菩提資糧，隨順利有情事，隨順菩提無師妙智，隨順一切佛所作業，隨順廣大願心故四者，發心有何勝利？謂諸菩薩發是心已，超凡夫地，證入菩薩正性離生，決定紹繼如來聖種，獲得如實證淨，於他有情遠離忿害，於利有情事菩提資糧等無量善法以淨增上意樂攀緣勝解趣入速疾圓滿。由是等故，生極大喜。又於菩提意樂清淨。又於五種怖畏皆悉斷除：由善修習無我妙智。無我所有資生具愛故，無不活畏。常思利他而無所求，故無惡名畏。無我見故，無我失壞想轉，故無死畏。自知死後當來決遇諸佛菩薩，故無惡趣畏。一切世間無與等者，故無處衆怯畏。又離一切聞說甚深正法驚怖及以高慢憍傲，他不饒益所起嗔恚，世財寶喜一切皆除。無染汙故無所憎背。有熾然故，無俗意樂，能圓滿證一切善法。 發起精進引發正願者，謂於現法中能起菩薩一切精進，信增上力爲前導故。於當來世，發十大願：一者，願當來世以一切種上妙供具供養無量無邊如來。二者，願當攝受防護諸佛世尊所有正法，傳持法眼，令無斷壞。三者，願當來世八相成道。四者，願當來世行一切種菩薩正行。五者，願當成熟一切有情。六者，願當示現一切世界。七者，願當普能淨修一切諸佛淨土。八者，願於當來一切菩薩皆同一種意樂加行趣入大乘。九者，願當一切無倒加行皆不唐捐。十者，願當速證無上菩提。作是願言：有情無盡故，我願無盡。世界無盡故，我願無盡。生生相續，永不乖離。如是菩薩十種大願以為上首，能生無數百千正願。是為菩薩於當來世具諸大願，於現法中發大精進。　淨修住法者，此復十種，能令極懽喜住，速得清淨。一於諸佛法深生淨信，二觀有情緣起道理證得唯有純大苦蘊，發起大悲。三者觀見彼已自誓我當令彼解脫如是純大苦蘊，得第一樂發起大慈，四者為欲救拔一切憂苦自無顧戀能捨身財一切惠施，五者為欲利樂諸有情故從他勸求世出世法曾無厭倦，六者無厭倦故證得一切論智清淨善知諸論，七者善知諸論故於劣中勝諸有情所如應如宜而修正行善解世間，八者卽於如是正加行中依應時分量等正行而修慚愧，九者卽於如是正加行中得無退轉堅力持性，十者以諸上妙利養恭敬及與正行供養如來。如是十種淨修住法：淨信，慈悲，惠施，無有厭倦，善知諸論，善解世間，修習慚愧，堅力持性，供養如來，能令極懽喜住速得清淨。　開曉餘住者，謂諸菩薩淨修十種住法已，復於增上戒等後後諸住從佛菩薩專精訪求一切種道功德過失及神通樂無失壞道。善取其行，得等流相。於一切住自然升進，得大菩提。爲大導師，率領一切有情商侶超度生死曠野嶮道。　修治善根者，謂諸菩薩住此住中，隨淨信力及正願力，普能現見十方諸佛。見已供養聞法修行，及以四攝成熟有情。一切善根悉皆廻向無上菩提。由是因緣，能令善根倍復明淨。如世良工以曠金置火，如如燒鍊，轉令明淨。菩薩無量大刼修治善根，令淨亦爾。　受生者，此住菩薩在在生處，多作輪王，王贍部洲，得大自在。遠離慳垢，威被有情，調伏慳吝。四攝事業，一切不離佛法僧寶。證一切種菩提作意，恆發願言：我當一切有情中尊，作諸有情一切義利所依止處。　威力者，此住菩薩若樂精進，淨信出家，一剎那頃瞬息須臾能證菩薩百三摩地。以淨天眼，能於種種諸佛國土見百如來。又卽於彼變化住持，菩薩住持皆能解了。以神通力，動百世界，身亦能往。化百類身，成熟百種所化有情。若欲留命，能住百刼，於前後際各百刼事，智見能入。蘊界處等諸法門中，於百法門能正思擇。化作百身，身身皆能現百菩薩眷屬圍繞。自茲以去，由願力故，當知無量威力神變。如是等相，是爲極懽喜住。此於十地名極喜地。

增上戒住者，謂諸菩薩於初地中已得十種意樂清淨，入離垢地。於此住中，性戒具足。極少邪惡業道所攝諸惡犯戒，尙不現行，况中上品？於染不染惡趣善趣，諸乘行業，若因若果，修證安立，如實了知。自行諸善業，斷諸不善業，亦樂勸他如是修斷。於諸現行不平等業過失有情，若興若衰等觀皆墮第一義苦，於彼生起廣大悲愍，如是故名增上戒住。由戒淸淨離諸垢纏故，於十地中名離垢地。自餘諸相經論廣說，恐繁且止。

增上心住者，謂諸菩薩住增上戒，於十種淨心意樂作意思惟得圓滿已，入增上心住。於一切行，諸有情界，及大菩提，能正通達。於諸有情解脫方便，能正推求。於正法中，起大恭敬，訪求無倦。能正修行，法隨法行。於其世俗四種靜慮，四無色定，及四無量，五種神通，能引能住，既多住已，復還棄捨諸靜慮等等持等至，願自在力還來欲界，觀彼彼處若爲有情能作義利，若能圓滿菩提分法，卽便往生，如是菩薩離欲貪故，名斷欲縛。棄捨靜慮等持等至故名斷有縛。先於勝解行地於法眞如修勝解故，已斷見縛。邪貪恚癡，畢竟不轉。如是名爲增上心住。由得世間靜慮等持，亦復於彼無有染住，如是自在，故成增上心住。於十地中，名法光地。由定自在，能發無邊妙慧光故。

覺分相應增上慧住者，謂諸菩薩增上心住中，以多聞力，得十法明入，既圓滿已，入初增上慧住。住此住中，所有十種能成熟智，智成熟法，皆悉成就。長如來家，得彼體法。觀一切種菩提薩埵增上力故，修四念住等三十七種菩提分法。修習此故，最極微細薩迦耶見執著，一切蘊界處等一切動亂皆得畢竟不現行斷。由斷彼故，一切如來所訶毀業，皆不現行。諸所讚業，皆如實轉。心轉調柔，諸行清淨，種種白法皆悉成就。如是乃至一切外道聖敎怨敵種種魔軍，皆不能動。是名覺分相應增上慧住。於十地中，名焰慧地。菩提分法如實智焰，成就正法敎慧照明，能燒種種煩惱薪故。

諸諦相應增上慧住者，謂諸菩薩於初增上慧住中，修十平等清淨意樂成故，入此住中。住此住已多分希求智殊勝性。於四聖諦，由十行相，如實了知謂爲此說故，由此說故，如此說故，依曉悟他，依自內智依俱處所名爲此說。依於契經，調伏，本母名由此說，依於現在衆苦自性，（苦）依於未來苦因生性，（集）依於因盡彼盡無生性，（滅）依於修習彼斷方便性，（道）名如此說。是名十種行相四聖諦智略義。如是於諦善巧菩薩，於一切行以慧正毀，於有情界增悲意樂於前後際愚癡有情所有邪行能正通達。爲欲令彼得解脫故，攝受廣大福智資糧，心發正願。及卽於彼意樂引攝正念慧行而爲上首所有衆多殊勝功德皆悉增盛。諸餘作意皆悉遠離。以其種種成熟方便成熟有情。謂於世間種種工業明處，諸善巧業，皆悉通達。用是善巧業故，攝受貧窮，息除災患，漸次方便安立有情妙菩提中。如是等，是爲諸諦相應增上慧住。此於十地，名極難行地。眞俗兩智——四聖諦智工巧業智，行相互違，能令相應極難勝故。謂由眞智趨向涅槃，由俗智故悲愍有情攝受生死，如是行相雖互相違，而此住菩薩智悲雙運，悉令生起，是故名爲極難勝地。

緣起相應增上慧住者，謂諸菩薩先於第二增上慧住圓滿修習十法平等性已，入此住中。住此住已，於諸有情增長悲愍，於大菩提生起猛利欲樂希求，於諸世間合散生滅以一切種緣起正觀觀察了知。依緣起智能引發空無相無願三解脫門。由是因緣，所有自他作者受者有無等想，皆不復轉。如理通達煩惱繫縛染汙過失，防護斷滅。爲益有情故，亦不永滅一切有爲，悲智隨逐。無著智現前，般若波羅密多現前。由此十地名現前地。證得無量三摩地，意樂不壞，於佛聖教不可引奪。如是等是爲緣起相應增上慧住。

有加行有功用無相著者，謂諸菩薩依於前住已得十種妙方便慧所引世間進道勝行修習圓滿，故入此住、住此住中，通達無量無數如來境界，起無間無缺精勤修學。一切威儀行住作意，一切分位不遠離道。於一一心中，十波羅密而爲上首，一切菩提分法圓滿殊勝、有加行圓滿所攝。依於意樂，清淨業轉。一切世間工巧業等，皆悉圓滿；逮得無量不共一切聲聞獨覺三昧。刹那刹那能入滅定，現行一切有情不共世間行故。如是等，是名有加行有功用無相住。於十地中，名遠行地至無相住功用後邊，出過世間聲聞道故。

無加行無功用無相住者，謂諸菩薩於初無相住中，已得十種入一切法第一義智修習圓滿，得入此住。住此住中，於無生法證得菩薩第一最勝極清淨忍，得此忍故，得甚深住。先於第一無相住中四種災患令悉除斷，一者除斷於無相中有加行有功用事，二者除斷於上清淨住精勤思慕，三者除斷於諸利有情事有大堪能精勤思慕，四者除斷有微細想現在前行。是故此住，名極清淨。又此菩薩於甚深住極生愛樂，即於如是法門流中，蒙諸如來覺悟勸導，授與無量引發門智神通事業，及引無量分身妙智。得十自在，謂命自在，心自在，財自在，業自在，生自在，願自在，勝解自在，如意自在，智自在，法自在。由得自在故，領得彼彼自在勝利。如是等，是爲無加行無功用無相住，於十地中，名不動地。無分別智任運相續，相用煩惱不能動故。

無礙解住者，謂諸菩薩於甚深住不生喜足，復於增上智殊勝性愛樂隨入，是諸菩薩於諸法中起智加行，應爲他說一切種法。普於一切說法所作，皆如實知。謂於一切近稠林行，如此雜染如此清淨，由此雜染由此清淨，若所雜染若所清淨，若非一向，若是一向，若通二種，如是一切皆如實知。於說法中方便善巧，於一切種，成大法師。獲得無量陀羅尼門，於一切種音詞支具，剖析善巧，辯才無盡。於諸有情勸導慰喻安處事業，皆令成就。是爲菩薩無碍解住。此於十地，名善慧地。成就微妙四無碍解，能徧十方善說法故。

最上成滿菩薩住者，謂諸菩薩無礙解住，一切行相徧清淨已，堪爲法王受法灌頂，得離垢等無量無數勝三摩地，作彼一切智智殊勝灌頂後三摩地現在前故，得一切佛相稱妙座，身諸眷屬，得大光明，往來普照一切行相一切智智灌灑其頂。既灌頂已，普能引導所化有情，於彼解脫方便佛事，得如實智，逮得無量無邊解脫陀羅尼門大神力，及此增上大念大智，增上引發訓辭安立，及大神通。如是等是爲最上成滿菩薩住。由於菩薩位中已得究竟位，次卽當入如來住故。於十地中，名法雲地。大法智雲，含衆德水，能爲無量無邊有情等雨無比微妙法雨，殄息一切煩惱魔塵，能令種種善根稼穡生長成熟，故名法雲地。

如是已略宣說菩薩諸住。種性住，勝解行住，是凡夫菩薩住。始從極懽喜住，乃至最上菩薩住，是爲聖住。十地菩薩住此十住中，雖未出離三界，然已成就廣大功德。謂初地中已斷一切分別我法二執，已捨在皮粗重隨眠，已斷三界惡趣種子，受生多作轉輪王王贍部洲，以法馭世，調伏有情，令捨慳貪，如勤精進，捨欲出家，須臾能得百三摩地，見百如來，化百類身，成熟百類有情，前後能知各百劫事，智見能入百法明門，從此以去，由願力故，威力無量，如是二地以去，乃至十地，善根愈增，愈得清淨，次第上生，乃至多作色究竟天王，威力輾轉倍增無量，斷除俱生修斷諸惑，最後究竟乃至成佛。如是等相，廣如華嚴十地經及大論菩薩地住品中說。

如是諸住望如來住，雖皆因位，然前後互望亦互爲因果。謂種性爲因，起勝解行。乃至九地爲因，起十地故。後後諸地，望於前前，皆爲其果。以由前前住正行，得後後果位故。即此亦名大士行果。如是諸住，諸地，五位，互相攝者，略表如次：

五位	十三住	十一地
資糧位	種性住	
資糧位、加行位	勝解行住	
通達位	極懽喜住	極喜地
修習位	增上戒住	離垢地
	增上心住	發光地
	覺分相應增上慧住	焰慧地
	諸諦相應增上慧住	極難勝地
	緣起相應增上慧住	現前地
	有加行有功用無相住	遠行地
	無加行無功用無相住	不動地
	無礙解住	善慧地
	最上菩薩住	法雲地
究竟位	最極如來住	佛地

大涅槃

所謂無上菩提大般涅槃二種果者，謂諸菩薩，已於十地漸次斷除十種重障，漸次修行殊勝妙行，於眞法界漸次證得；次於最後金剛喻定現在前時，能頓斷除所餘一切煩惱所知最極微細粗重習氣；次於解脫道中便能證得佛地勝果，成就如來，應，正等覺，明行圓滿，善逝，世間解，無上士，調御丈夫，天人師，佛，薄伽梵。此薄伽梵，二果爲體。一者菩提，二者涅槃。言菩提者，總攝一切最極微妙有爲功德。言涅槃者，總攝一切無上寂靜無爲功德。此菩提者，是能證故，智德爲體。此涅槃者，是所證故，斷德爲體。如是涅槃有其四種。如是菩提復有四智及諸功德種種差別。

言四涅槃者，

成唯識論云『一，本來自性清淨涅槃，謂一切法相眞如理。雖有客塵，而本性淨。具無數量微妙功德。無生無滅，湛若虛空。一切有情，平等共有。與一切法，不一不異。離一切相，一切分別。尋思路絕，言語道斷。唯諸聖者，自內所證。其性本寂，故名涅槃。二，有餘依涅槃，謂卽眞如，出煩惱障。雖有微苦，所依未滅，而障永寂，故名涅槃。三，無餘依涅槃。謂卽眞如，出生死苦，煩惱既盡，餘依亦滅，衆苦永寂，故名涅槃。四，無住處涅槃，謂卽眞如，出所知障，大悲般若常所輔翼，由斯不住生死涅槃，利樂有情窮未來際，用而常寂，故名涅槃。一切有情皆有初一，二乘無學容有前三，唯我世尊可云具四。』

涅槃之義，此謂圓寂。苦因苦果一切永滅，圓滿寂靜，名涅槃也。苦因者，謂卽生死之因，所謂煩惱及業二種雜染。苦果者，謂卽生死之果，卽生雜染也。如是三種雜染，俱得寂滅，是謂涅槃。諸二乘人，煩惱已盡，不受後有。然前業所感有漏根身猶在，名有餘依涅槃。依謂苦所依，卽根身也。業勢盡時，此依亦滅，名無餘依，永出生死。是爲小乘解脫。諸佛菩薩，亦爲斷除生死雜染，並爲斷除一切有情生死雜染，修習正道，是故亦得大涅槃果。然此大乘涅槃與諸小乘何以異耶？曰：因行異故，所證異故，果德異故。云因行異者，小乘但爲求一身解脫，故所修行戒定慧等，但爲自利，速斷煩惱，速盡生死，速趣涅槃。菩薩爲求一切解脫，修六度等諸大功德，自度度他，廣大無量，長時集積。於生死苦，無有疲厭。於涅槃樂，不求速得。是爲因行異。所證異者，聲聞獨覺但於四諦思擇現證，了知諸行無常苦空無我。由證補特伽羅無我性故，於三界中無有希求，於解脫處速趨寂滅。諸大菩薩由於無量百千數法聞思修習通達一切諸法實相，補特伽羅及法無我二種空性皆悉證得。由彼證得二空無我性故，了知諸法自性皆空，自性寂滅。卽於生死，而得涅槃。生死涅槃二俱平等，由是故說一切諸法自性涅槃，彼由證得此眞如理自性涅槃，故與二乘所證差別。以彼無有法空無分別智，不證法界自性涅槃故。果德異者，諸聲聞等，但證四諦，於生死苦速求斷滅，於涅槃樂速急求證，由是因緣旣證涅槃，卽爲所作已辦，無復餘事。餘依旣盡，智德亦盡。從此更無身智功德相續長時，利有情事。由此亦無殊勝廣大受用身土，受用法樂。唯於生死雜染不受其苦，不起過失，異諸凡夫，得解脫耳。大乘菩薩果德異此。由得無上最極淸淨無分別智，證得諸法自性涅槃，生死涅槃二俱平等，故於生死不厭不捨，亦於涅槃無欣無著，由是而得無住涅槃。由得如是無住涅槃故，不住無爲不盡有爲，而能成就無盡功德，窮未來際，度脫有情。亦自成就廣大微妙無上淸淨受用身土，受用法樂。與彼二乘截然差別。以彼二乘但由有餘無餘二種涅槃得解脫故，諸佛菩薩由於自性無住二種涅槃得解脫故。

既說菩薩所證涅槃與二乘異，云何復說如來具四涅槃耶？曰：諸佛如來，不斷根身，淸淨佛土長相續故，說有所依。由彼所依非是有漏煩惱業等異熟果故，彼三界中三種雜染俱永斷故，名無餘依。苦因旣盡，苦果亦無。是故說佛，與彼二乘俱證涅槃，同得解脫。由是說佛，具四涅槃。或二涅槃，依變化身說。由諸如來以變化身，化聲聞等示同三界所攝根身，初成正覺名得有餘依涅槃，次入寂滅名入無餘依涅槃。而實如來非入涅槃，非不入涅槃。有漏業果煩惱盡故，無漏功德無有盡故。

總依上義攝大乘論說如是頌：

諸凡夫覆眞，一向顯虛妄。諸菩薩捨妄，一向顯眞實。應知顯不顯，
眞義非眞義。轉依卽解脫，隨欲自在行。於生死涅槃，若起平等智，
爾時由此證　生死卽涅槃。由是於生死　非捨非不捨，亦卽於涅槃

非得非不得。

又說：

一切障脫故，所作無盡故，佛畢竟涅槃，畢竟不涅槃。

當知如是畢竟涅槃畢竟不涅槃，是名如來無上解脫大般涅槃。卽此如來，又名大牟尼也。如是大涅槃，超過三界，離雜染故。亦超過二乘，功德無盡故。如是如來，轉捨雜染，轉得清淨，無量功德相續長時，利樂有情窮未來際，是爲如來最極清淨無上法身。依是法身，大涅槃經宣說種種常樂我淨，異諸聲聞奇偉廣大無量敎法。諸善男子，善女人等，應如理思。如是已說菩薩斷果，菩薩智果次當說。

大菩提

菩薩智果，謂卽如來阿耨多羅三藐三菩提。此云無上正等正覺。如是正覺，超諸三乘菩提，故云無上。實證諸法如所有性，無迷謬故云正。徧證諸法盡所有性，無有遺故，云等。如是無上正等正覺，謂卽如來四智相應心品以爲體性。

云四智相應心品者，成唯識論云：

一大圓鏡智相應心品，謂此心品，離諸分別，所緣行相微細難知，不妄不愚一切境相，性相清淨離諸雜染純淨圓德現種依持，能現能生身土智影，無間無斷窮未來際，如大圓鏡現衆色像。

釋曰：離我我所執，故云離諸分別。所緣行相廣大無量微妙叵測，故云微細難知。如來成就不忘失法，得一切種智；故於一切境相不忘不愚。自性明善，故云清淨。有漏永斷，故離雜染。純謂無雜，淨謂離染，圓者滿義，德謂功德，出此功德超過一切二乘無學及諸菩薩，故云純淨圓德。現謂此純淨圓德之現行。種謂此純淨圓德之種子，依者，此智爲純淨圓德之所依故。阿陀那識爲根本依，前七淨識相見生故。持者，此智相應心品能持純淨圓德之種子故。阿陀那識能持一切淨法種也。能現能生身土智影者，從此圓德種子生起實身土智等，是名能生。謂如自受用身自受用土諸色根等及前三智心品等是如是身土及智皆於此智上現，又他受用身土及變化身土，爲度有情隨欲示現，非實身土，故名曰現。又餘有情根身器界心智意欲如來徧緣，彼諸影像皆於此智心品上現，故名能現不從種生，但於識上現起影像故。無間無斷窮未來際者，持種無失，現德無邊，現生身土智影永無間斷，利樂自他作諸功德無窮盡故。此顯如來與二乘異，彼趣寂滅，無此無盡功德藏，不能利樂諸有情故。如大圓鏡現衆色相者，此顯此智得名所由也。由於此智相應心品普能攝持無盡功德，又能偏現身土智影無忘無失，一切智智如大圓鏡，現衆色像。從喩爲名，故名大圓鏡智也。

二平等性智相應心品，謂此心品觀一切法，自他有情悉皆平等，大慈悲等恆共相應，隨諸有情所樂示現受用身土影像差別，妙觀察智不共所依，無住涅槃之所建立，一味相續窮未來際。

釋曰：由觀自他有情平等，及觀諸法平等，故名平等性智。由我執斷故，自他平等。由法執斷故，諸法平等。由觀自他平等故，大慈悲等恆共相應。觀他受苦，如自苦故，等與拔除。觀他享樂如已樂故，等與施濟。故能大慈大悲，恆共相應也。卽此又名大我阿世耶，以能攝受一切有情同自體故。由觀諸法平等故，無住涅槃之所建立。觀諸染法，如幻化故等無厭怖。觀諸淨法，如幻化故等無愛著。由此不住生死，不住涅槃。生死涅槃二皆平等，故能恆住世間不染世間，成就功德。恆住涅槃，不住涅槃，度諸有情。一切我執法執，皆由不平等分別而起。二乘雖得生空智，已破我執，而由未入法空有法執故，執此爲生死，此爲染法，深生怖畏。此爲涅槃，此爲淨法，深生希求。由此不能長住世間，度諸有情。速入涅槃，成自解脫。故無無住涅槃，亦卽失其大慈悲也。故諸二乘，得無我智，不名平等。以於諸法染淨分別，起欣厭故，於諸有情無大悲故。由大悲故，隨諸有情所樂，示現受用身土影像差別，此卽他受用身土也。隨於十地菩薩根性智欲各殊，故所示現形量大小，莊嚴殊勝，亦各差別，云妙觀察智不共所依者，妙觀察智依意根起，意根卽是此智相應清淨末那識故。不共依義，如餘處說。一味相續窮未來際者，此顯如來受用身土等利他無盡，不入滅故，如前易知。

三妙觀察智相應心品謂此心品，善觀諸法自相共相無礙而轉。攝觀無量總持定門，及所發生功德珍寶，於大衆會能現無邊作用差別，皆得自在雨大法雨，斷一切疑，令諸有情皆獲利樂。

釋曰：現現別轉，離夫言說，證法自性，是爲觀察諸法自相。依言觀義，偏攝諸法，如一色言偏攝靑黃等，如一無常偏攝有爲，是爲觀察諸法共相。以少文字，攝持多義，或以一心，攝觀衆理，是爲總持。靜慮寂止，心一境性，是之爲定。得彼定因，是爲定門。及所發生功德珍寶者，謂四無碍解，及諸神通等，是總持及定所發生故。由四無碍解諸神通故，慧辯無量，威力無邊，說法示現，敎授敎誡，便於大衆會，能現無邊作用差別，乃至令諸有情皆獲利益也。此智以能善觀諸法自相共相，攝觀自心，引生無量功德，及觀有情心性差別，而說法等，皆能如理如量，方便善巧，無違失，故名妙觀察智也。

四成所作智相應心品，謂此心品爲欲利樂諸有情故，普於十方示現種種變化三業，成本願力所應作事。

釋曰：諸佛如來一切所作，皆已成辦。唯爲度他，所作無量。此無量所作，由化身起，而化身依此智起。是故此智，名成所作。以能成辦佛本願力所應作事，故名成所作智也。如是所作，謂卽示現變化三業。變謂十八變，化謂三種，化身，化境，及化語故。化現身語及境，名變化三業也。

如是四智所以名四智相應心品者，意顯如來不但四智，四智相應八種淨識，及餘無漏徧行，別境，信等善法，皆具有故。由彼皆與智相應故，總名四智相應心品。卽攝如來有爲功德皆盡。此轉何識得，及彼初起，圓滿諸位，具如成唯識論及拙作八識規矩頌釋論中說。

如是四智相應心品，是爲菩提。由是菩提，能斷一切煩惱所知障種，盡諸無明一切迷惑，圓證法界，成大涅槃，度脫有情，窮未來際，作諸功德。卽此與彼二乘菩提體用有異。此能俱斷二種障，彼唯能斷煩惱障故，此能俱證二空無我性，彼唯能證生空無我性故。此具無量無邊廣大微妙功德自利利他無窮無盡，彼唯具有自得解脫狹小有量有盡功德於無餘依涅槃界中智用全無故。是故如來菩提，名爲無上大菩提也。

法身

卽依上說二最勝果，建立如來淸淨法身。成唯識論云：『此牟尼尊所得二果，永離二障，亦名法身。無量無邊力無畏等大功德法，所莊嚴故。體依聚義，總說名身。故此法身，五法爲性。——眞如四智——非淨法界獨名法身，二轉依果皆此攝故。』

如是法身十門廣辯：一者相，二者體，三者差別，四者功德，五者作業，六者依止，七者念，八者觀，九者修，十者抉擇。

所云相者，如來法身略有八相：一者轉依爲相，謂轉滅雜染依他起性，轉得淸淨依他起性故。二者白法所成爲相，謂由六種波羅密多極淨白法，成就如是如來無漏法界身故。三者無二爲相，有無一異有爲無爲皆不可說故不可說有者，不如三界徧計有故。不可說無者，勝義實相不可說無故。不可說一者，諸佛法身各自功德各自證成故。不可說異者，諸佛法身智德業用眞如實性無不同故。不可說有爲者，非由煩惱業所爲故。不可說無爲者，自在示現有爲相故。四者常住爲相，眞如法界不變常故，四智功德種現無盡利樂有情常無息故。五安樂爲相，遠離一切粗重一切憂惱一切災橫，現受無邊大法樂故。六解脫爲相，是大牟尼超出三界，除斷二障，最極解脫以爲相故。七自在爲相，永斷一切粗重相縛，眞如自在，不變動故。四智功德妙用自在，不隨四魔所動轉故。八不思議爲相，眞如淸淨自內證故，無有世間喩能喩故，非諸尋思所行處故。

所云體者，謂此法身卽以眞如及以四智相應心品有爲無爲五法爲體。

云差別者，謂此法身有三差別：一者自性身，二者受用身，此復二種，謂自受用及他受用，三變化身。

成唯識論云：『如是法身有三相別，一自性身，謂諸如來眞淨法界受用變化平等所依，離相寂然絕諸戲論，具無邊際眞常功德，是一切法平等實性，卽此自性亦名法身，大功德法所依止故。二受用身，此有二種：一自受用，謂諸如來三無數刼修集無量福慧資糧所起無邊眞實功德，及極圓淨常徧色身，相續湛然，窮未來際，恆自受用廣大法樂。二他受用，謂諸如來由平等智示現微妙淨功德身，居純淨土，爲住十地諸菩薩衆現大神通，轉正法輪，決衆疑網，令彼受用大乘法樂。合此二種，名受用身。三變化身，謂諸如來由成事智變現無量隨類化身，居淨穢土，爲未登地諸菩薩衆二乘異生，稱彼機宜，現通說法，令各獲得諸利樂事。』

此中自性身，是卽清淨法界眞如體性，亦卽前說無爲功德自性涅槃。是諸如來十地菩薩，及諸二乘有學無學，乃至世間一切凡夫平等共有。雖皆本有，而由證不證故，有得不得。雖此自性清淨法身，非離諸法別有體性，然就理事義不同故，諸佛證此成正覺故，於受用變化身外別立此身。理實卽彼受用變化身土實性，卽名自性身也。

由是亦說一切凡聖平等共有。以諸有爲實相空理，無二無別，等一相故。受用身中自受用身亦名報身，由三大刼修行無量無邊功德所感報故，卽是四智相應心品所有眞實功德體相。他受用身及變化身，有時通名應身，隨應機宜所示現故。謂隨十地菩薩而應現者，名他受用身，以彼身土淸淨莊嚴超出三界，與佛報身體相似故，總名受用身。然此他受用身體量大小，功德莊嚴，隨十地菩薩所化別故，而有差別，謂初地所見不如二地，二地所見不如三地，如是展轉乃至九地所見不如十地所見身土。如是應身爲地前菩薩聲聞獨覺及諸異生而示現者，名爲化身，化似他身與彼同類方便引攝令得度故。如是化身又有三種；一者對大乘四加行位菩薩則示現千丈大身，二者對大乘資糧位菩薩與二乘凡夫則示現丈六金身，三者隨類化身，則爲隨五趣有情而別別示現者，此復二種，一者爲救三途有情苦故，入彼趣中示同地獄餓鬼畜生等形而拔其苦。二者，如來爲欲莊嚴佛會，化示天龍八部人非人等常所翼從，又如極樂世界阿彌陀佛變化衆鳥宣暢法音等，如是種種皆名化身，以非實身，但化現故。如來應身，何故變現如是等下劣身形耶？曰，如來報身廣大無量，十地菩薩所不能知，唯佛與佛可相見耳。何況凡夫二乘識量能及？如人對蟻說法作事，彼必無見無聞，唐勞無益，或被震嚇，反有害也。故對凡小，隱其身光莊嚴威德，示與同類，令得相接。如於此界現丈六身，以此土有情身唯八尺，丈六之身，卽可宣化，不嚇不懼，可相認識也。否則如阿彌陀佛之白毫宛轉五須彌，紺目澄淸四大海者，吾人窮畢生之力，尚不能循彼一毫一目，何能禮敬供養飡受法樂也？故佛化吾人，必示同類之身；不能以眞實報身而相臨也。如是應身，雖現示有形色威儀言音語句，乃至示現種種心智意樂，而皆非佛眞實體性，但由實智實德轉示化耳。其由平等性智相應心品而示現者為他受用身。其由成所作智而示現者，爲變化身。然此但就勝說，實則四智相應心品幷於應化有功能也。

依上諸義，三身諸法相攝表之如次；

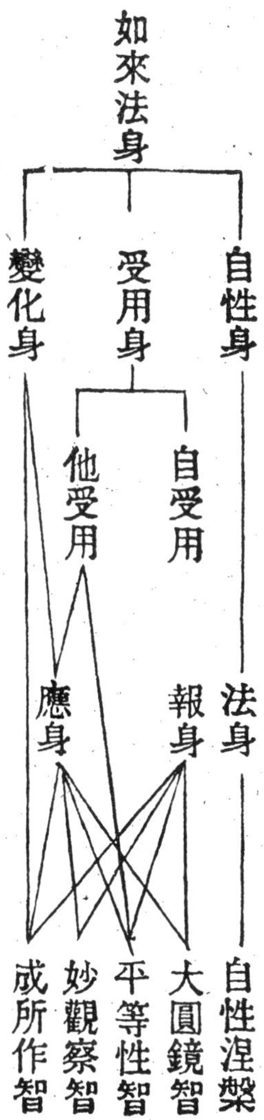

如來法身

自性身　受用身　變化身

受用身：自受用　他受用

法身　報身　應身

自性涅槃　大圓鏡智　平等性智　妙觀察智　成所作智

云功德者，謂此法身與最清淨四無量，解脫，勝處，徧處，無諍，願智，四無碍解，六神通，三十二大丈夫相，八十隨好，四一切相清淨，十力，四無畏，三不護，三念住，拔除習气，無忘失法，大悲，十八不共佛法，一切相妙智等功德相應。

此中功德云最清淨者，謂無量等雖共聲聞，然由永斷煩惱所知二障而起，最爲清淨，共中猶有不共義故。力無畏等，一向不共聲聞功德。言四無量者，謂緣無量有情爲境所起慈悲喜捨利樂意樂。解脫者，謂八解脫，所謂有色觀諸色等。言勝處者，謂八勝處。言偏處者，謂十偏處。由此三德解脫定障，心於境界得自在故。無諍願智更無差別。四無碍解者，謂法無碍解，義無碍解，訓詞無碍解，辯說無礙解。六神通，如前已說。三十二大士相者，謂妙輪相印手足等。八十隨好者，謂鼻修直等。四一切相清淨者，謂一所依清淨，隨欲令身生住捨故。二所緣清淨，隨欲變化境界成故。三心清淨，出入諸定咸自在故。四智清淨，陀羅尼門任持自在故。十力者，謂處非處智力，業異熟智力，靜慮解脫等持等至智力，根勝劣智力，種種勝解智力，種種界智力，徧趣行智力，宿住隨念智力，生死智力，漏盡智力。四無畏者，謂佛世尊自發誠言，我是眞實正等覺者，若有難言於如是法不正等覺，我於彼難正見無緣，是第一無畏。又發誠言；我是眞實諸漏盡者，我爲弟子說出離道眞是其道，我爲弟子說障礙法染必爲障，若有難言佛非漏盡，佛所說道非出離道，佛說障法雖染無障，我於彼難正見無緣，是爲第二第三第四無畏。如是由正見彼難無有緣故，得大安隱。得安隱者，都無所畏。三不護者，謂諸如來所有身業語業意業清淨現行，無不清淨現行三業，慮恐他知，可須藏護，是爲三不護。三念住者，謂諸如來說正法時，一類弟子恭敬屬耳，住奉敎心，精進修行法隨法行，如來於彼無悅無喜，心不踊躍。一類弟子不生恭敬，翻前廣說，如來於彼不生恚恨，不生不忍，非不保任一類弟子，亦生恭敬，亦不恭敬，乃至廣說，如來於彼其心無二，謂不喜悅，亦不恚恨，於彼一切徧住妙捨。拔除習气者，謂永拔除雖無煩惱而有煩惱相似所作騰躍等事，如聲聞等，以二乘人雖斷煩惱習气猶存故。無忘失法者，謂於利樂有情諸事正念正知，不過時分而饒益故。大悲者，謂於有情常起利益安樂意樂晝夜六返觀諸世間誰善根熟，誰根未熟，誰是佛乘器，誰是餘乘器，如是等而拔濟故。悲言大者，福智資糧圓滿證故，令脫三苦爲行相故，三界有情爲所緣故，於諸有情心平等故，決定無有勝此者故。十八不共佛法者，謂諸如來有十八法不共聲聞：一無有誤失，二無卒暴音，三無忘失念，四無種種想，五無不定心，六無不擇捨，七志欲無退，八精進無退，九念無退，十定無退，十一慧無退，十二解脫無退，十三十四十五身語意業智爲前導隨智而轉，十六十七十八於過去現在未來三世境界知見無礙。一切相妙智者，謂於一切蘊界處中善能了知一切行相故。如是種種最清淨德，廣如大論建立品，雜集得品等處宣說。此據攝論無性釋，略說如上。如來法身，由與如是等功德相應故至極清淨，徧能成辦成熟一切有情一切事業。

所云業者，攝論云『諸佛法界於一切時能作五業：一者救濟一切有情災橫爲業，於暫見時便能救濟盲聾狂等諸災橫故。二者救濟惡趣爲業，拔諸有情出不善處置善處故。三者救濟非方便爲業，令諸外道捨非方便求解脫行，置於如來聖敎中故。四者救濟薩迦耶爲業，授與能超三界道故。五者救濟乘爲業：拯拔欲趣餘乘菩薩，及不定種性諸聲聞等，安處令修大乘行故。由此五業，當知諸佛業用平等。』此中法界，卽是法身。由應化身，總名法身故。現世所生盲聾病等，及餘饑饉無衣食等，或墮水火王賊等難，總名災橫由見佛故盲者得視，聾者得聞，無衣食等身得飽暖，乃至令脫水火王賊諸難，故名救濟災橫。三惡趣報，由不善業感。佛化有情，捨不善業，造諸善業，故能令彼自不墮三惡趣。諸外道等捨欲出家，勤修苦行，以爲是得解脫方便。佛正敎彼捨非方便，遠離二邊，中道正行，故名救濟非方便業。雖依聖敎修行正行，由彼未斷僞身見故，執有我修聖道，我求解脫，我得解脫，如是我執未斷捨故，雖勤修行不越三界。

佛說正法無我諦理，令善修習，捨於我執，入聖道故，名救濟薩迦耶見，超越三界生死流轉，而無大悲願力，一切智智，普度有情廣大行果，故佛復說無上大乘廣大甚深方便教法，訶斥二乘，讚嘆大乘，令諸欲退大乘菩薩及餘不定種性二乘捨於小果修大乘行故，是爲救濟乘業。如是如來於現世中，有災橫者，救濟災橫。無災橫者，安置善處，捨不善處，令彼他生不墮惡趣。諸有已離惡趣不善業者，然由未聞聖教修於世間外道之法，執彼非方便行爲解脫道，故說聖教令正修習，捨外道法。諸有已離外道法者，爲更令其出三界，斷生死，故說諸聖諦，令斷我見正得解脫。諸有已能離於我見不住生死勤求涅槃者，復爲令彼發廣大心修大士行，不住生死不住涅槃成就無上大菩提果。一切世間能救有情災橫者已爲難得，況能令人捨不善處？諸有令人捨不善處修行善處者已爲甚難，況更能令捨非方便？諸有能令捨非方便修正方便者已爲希有，況能令斷薩迦耶見超越生死？諸有能令斷薩迦耶超越生死已甚希有，況更能令捨下劣乘修無上乘？唯我如來甚難希有，最極希有，徧能造作無上甚深廣大事業，普度有情災橫惡趣，非方便行，薩迦耶見，乃至能令無量有情發大心願修大士行成就無上大菩提果令三寶種使無斷絕，如是如來所作事業廣大無上甚深若斯，誰有智者而不歸命？

云依止者，一切有情既有根身，必有器界爲所依止、如來法身，何所依止耶？曰：如來法身，以諸淨土爲所依止。云淨土者，不由有漏諸煩惱業所感得故，由於無上清淨無漏廣大功德之所得故，由彼能感功德清淨，故彼所感器界亦極清淨，故名淨土。攝大乘論云：「諸佛淸淨佛土相云何應知？如菩薩藏百千契經序品中說，謂薄伽梵，住最勝光曜七寶莊嚴放大光明普照一切無邊世界。無量方所妙飾間列，周圓無際，其量難測。超過三界所行之處。勝出世間善根所起。最極自在淨識爲相。如來所都。諸大菩薩衆所雲集。無量天龍藥义健達縛阿素洛揭路荼緊捺洛莫呼洛伽人非人等常所翼從。廣大法味喜樂所持，作諸衆生一切義利。蠲除一切煩惱災橫。遠離衆魔，過諸莊嚴，如來莊嚴之所依處。大念慧行以爲遊路，大止妙觀以爲所乘。大空無相無願解脫爲所入門。無量功德衆所莊嚴大寶花王之所建立大宮殿中』此中總以十八種圓滿顯佛淨土。「受用如是淸淨佛土，一向淨妙，無罪自在。』最勝光曜乃至普照一切無邊世界者，顯佛土顯色圓滿。無量方所妙飾間列者，形色圓滿周圓無際其量難測者，分量圓滿。超過三界所行處者，方所圓滿。勝出世間善根所起者，因圓滿。最極自在淨識爲相者，果圓滿。如來所都者，主圓滿。諸大菩薩衆所雲集者，輔翼圓滿。無量天龍等者，眷屬圓滿，此化非實。廣大法味喜樂所持者，任持圓滿，法味爲食任持住故。作諸衆生一切義利者，事業圓滿。佛以利他爲事業故。蠲除一切煩惱災橫者，攝益圓滿。遠離衆魔者，無畏圓滿，煩惱魔，蘊魔，死魔，天魔，是爲衆魔。過諸莊嚴如來莊嚴之所依處者，住處圓滿。大念慧行以爲遊路者，路圓滿。大止妙觀以爲所乘者，乘圓滿。大空無相無願解脫爲所入門者，門圓滿。此中大義，謂異聲聞所有念慧止觀解脫門故。無量功德衆所莊嚴大寶華王之所建立者，依持圓滿。上來總顯其淨。大宮殿者，卽是土也。任持，依止，境界，均是地義，卽是土義。受用如是淸淨佛土一向淨妙者無不淨故，離糞穢故，一向安樂者無有苦受及處中受故。一向無罪者，無有不善及無記故，一向自在者不待外緣故，暫起於心衆事辦故。

如是淨土復隨法身有三相別：所謂法性土，受用土，變化土。成唯識論云：『自性身依法性土，雖此身土體無差別，而屬佛法相性異故。此佛身土俱非色攝，雖不可說形量大小，然隨事相其量無邊。譬如虛空徧一切處。自受用身還依自土，謂圓鏡智相應淨識，由昔所修自利無漏純淨佛土因緣成熟，從初成佛盡未來際相續變爲純淨佛土，周圓無際，衆寶莊嚴，自受用身常依而住。如淨土量，身量亦爾。諸根相好，一一無邊，無量善根所引生故。功德智慧既非色法，雖不可說形量大小，而依所證及所依身亦可說言徧一切處。他用受身還依自土，謂平等智大慈悲力，由昔所修利他無漏純淨佛土因緣成熟，隨住十地菩薩所宜，變爲淨土，或小或大，或劣或勝，前後改轉，他受用身依之而住。能依身量，亦無定限。若變化身依變化土，謂成事智大慈悲力，由昔所修無漏淨穢佛土因緣成熟，隨未登地有情所宜，化爲佛土，或淨或穢，或小或大，前後改轉，佛變化身依之而住，能依身量，亦無定限。自性身土，一切如來同所證故，體無差別。自受用身及所依土雖一切佛各變不同，而皆無邊不相障礙。餘二身土，隨諸如來所化有情有共不共。所化共者同處同時，諸佛各變為身為土，形狀相似，不相障礙，展轉相雜，為增上緣，令所化生自識變現，謂於一土有一佛身為現神通說法饒益。於不共者，唯一佛變。諸有情類無始時來種性法爾更相繫屬，或多屬一，或一屬多，故所化身有共不共。不爾諸佛久住世間，各事劬勞，實為無益。一佛能益一切生故。」又變化土雖隨所化有情業果淨穢有殊，如釋迦佛所現為穢，阿彌陀佛所現為淨，然佛變者，體皆無漏，唯是善法。以從無漏功德生故。所化有情自所變者，體皆有漏，性唯無記。以從異熟識所變故。云何有漏無漏佛及凡夫同在一處而各別變耶？曰，此是唯識甚深道理，如餘處說，此中不詳。

諸佛如來法身淨土功德莊嚴無量無邊，是諸有情無上清淨皈依處所。由於如是法身淨土至誠淨信爲增上故，乃能發起廣大願心。由發無上廣大願心，乃能修習無量無邊大丈夫行，由修無邊大丈夫行，乃得實證如是無上法身淨土大菩提果，乃能攝受無量無邊衆生令出生死得大解脫。依如是義，應以淨信爲先，於彼法身生起正念正觀及正修行。以是爲依爲導，乃於前說大士願行至誠勤勇精進修習。如是念觀及與修習應正宣說。

所云念者，依諸經論，有二種念：一者持名，二者觀德。如阿彌陀經，佛告舍利弗言：『若有善男子，善女人聞說阿彌陀佛，執持名號，若一日，若二日，若三日，若四日，若五日，若六日，若七日，一心不亂，其人臨命終時，阿彌陀佛與諸聖衆現在其前。是人終時，心不顚倒，卽得往生阿彌陀佛極樂國土。舍利弗，我見是利，故說此言：若有衆生聞是說者，應當發願生彼國土。』又餘處說：『若誦多寶如來名者，便於無上正等菩提已得決定。』如是等，是爲持名念。二觀德念者，攝大乘論云：『若諸菩薩念佛法身，由幾種念應修此念？略說菩薩念佛法身，由七種念應修此念。一者，諸佛於一切得自在轉，應修此念。於一切世界，得無礙通故。二者，如來其身常住，應修此念。眞如無間解脫垢故。三者，如來最勝無罪，應修此念。一切煩惱並所知障，並離繫故。四者，如來無有功用，應修此念。不作功用，一切佛事無休息故。五者，如來受大富樂，應修此念。清淨佛土大富樂故。六者，如來離諸染汙，應修此念。生在世間，一切世法不能染故。七者，如來能成大事，應修此念。示現等覺般涅槃等，一切有情未成熟者能令成熟，已成熟者令解脫故。此中有二頌：

圓滿屬自心，　具常住，清淨，　無功用，能施　有情大法樂，　徧行無依止，

平等利多生，　一切佛智者　應修一切念。』

總以二頌攝上七念。一圓滿言，通下七種。屬自心者，自在圓滿，隨心自在境事成故。具常住者，常住圓滿。眞如無變，四智離垢故。清淨者，最勝無罪圓滿。無功用者，無功用圓滿。能施有情大法樂者，受大富樂圓滿，由自富樂能施有情故。徧行無依止者，離諸染汙圓滿，已得無上大涅槃故，不住生死，不住涅槃，徧行一切而無依止，用而常寂，

離染汙故。平等利多生者，能成大事圓滿。如是七種正念，智者應修念一切佛。

前持名念，是奢摩他止品念佛，專注於此心不馳散，令心定故。後七種念，是毗鉢舍那觀品念佛。於佛實德周徧尋思周徧伺察，能令其心智見明了，於佛功德實證入故。由此二念止觀因緣，故能淨信無動，生起大願，勇猛修行一切佛道。如是已說念。

所云觀者，依諸經說，有二種觀：一依世諦，觀佛受用變化身土。二依勝義，觀佛自性身土。前如觀無量壽佛經十六種觀：初觀落日，次觀水，三觀地，四觀樹，五觀八功德池，六總觀寶樹寶地寶池，七觀蓮花寶座，八觀佛菩薩像，九觀無量壽佛身相光明，十觀觀世音菩薩，十一觀大勢至菩薩，十二起心觀自身生極樂世界坐蓮華中見佛菩薩見彼淨土，名普觀想，十三雜想觀，十四觀三品上生因果行相，十五觀三品中生因果行相，十六觀三品下生因果行相。如是十六種觀，總名觀佛受用變化淸淨身土，如經廣說。

所謂由勝義觀佛自性身土者，如說無垢稱經觀如來品云：『爾時世尊問無垢稱言：善男子，汝先欲觀如來身故而來至此，汝當云何觀如來乎？無垢稱言：我觀如來，都無所見，如是而觀。何以故？我觀如來非前際來，非往後際，現在不住。所以者何？我觀如來色眞如性，其性非色；受眞如性，其性非受；想眞如性，其性非想；行眞如性，其性非行；識眞如性，其性非識。不住四界，同虛空界，非六處起，超六根路，不雜三界，遠離三垢，順三解脫，隨至三明。非明而明，非至而至。至一切法，無障礙際。實際非際。眞如非如，於眞如境常無所住。於眞如智，恆不相應。眞如境智，其性俱離。非因所生，非緣所起。非有相，非無相。非自相，非他相。非一相，非異相。非卽所相，非離所相。非同所相，非異所相。非卽能相，非離能相。非同能相，非異能相。非此岸，非彼岸，非中流。非在此，非在彼，非中間。非內非外。非俱不俱。非已去，非當去，非今去。非已來，非當來，非今來。非智，非境，非能識，非所識；非隱，非顯。非闇，非明，無住，無去。無名，無相，無強，無弱。不住方分，不離方分。非雜染，非清淨。非有爲，非無爲。非永寂滅，非不寂滅。無少事可示，無少義可說。無施無慳，無戒無犯，無忍無恚，無勤無怠，無定無亂，無慧無愚。無諦無妄，無出無入，無去無來，一切言語施爲斷滅。非福田，非不福田。非應供，非不應供。非能執，非所執。非能取，非所取。非相，非不相。非爲，非不爲。無數，離諸數。無礙，離諸礙。無增，無減，平等平等。同眞實際，等法界性。非能稱，非所稱，超諸稱性。非能量，非所量，超諸量性。無向無背，超諸向背。無勇無怯，超諸勇怯。非大非小，非廣非狹。無見無聞，無覺無知。離諸繫縛，蕭然解脫。證會一切智智平等。獲得一切有情無二。逮於諸法無差別性。周徧一切。無罪無愆，無濁無穢，無所礙住。離諸分別。無作無生。無虛無實。無起無盡。無曾無當。無怖無染。無憂無喜。無厭無欣。一切分別所不能緣。一切名言所不能說。世尊，如來身相如是，應如是觀，不應異觀。如是觀者，名爲正觀。若異觀者，名爲邪觀。」

諸大菩薩由於如來受用變化身得正觀故，善能修行一切清淨有爲功德。由於如來自性身土得正觀故，善能證入眞如法性。然不修行有爲功德，終亦不能證入法性。妄想空理，無有福德智慧資糧，成惡取空諸邪見故。如不修習證入法性，亦不能令有爲功德清淨無垢。有相有取，三界分別是有漏故。但能感得世間福果，不能得證諸佛報身。故此二觀，應俱修習。由觀有爲功德，成就資糧故。由觀無爲功德，證入法性，能斷一切煩惱所知障故。觀佛身者，應如是觀。如是已說觀。

所云修者，謂於諸佛法身淨土，已得決定眞空勝解清淨信心；次應悲愍一切有情，發起無上大菩提願。次應修行一切大丈夫行，謂卽前說六種清淨波羅密多，及彼所攝一切功德。彼爲因故，能得是果。爲得是果，應修彼因。此如說無垢稱經寶性菩薩將五百童子菩薩同詣佛所，以七寶蓋奉上世尊，說妙伽他讚嘆佛已，次問如來云何菩薩修佛淨土，爾時世尊卽爲大衆分別解說佛淨土相，及諸菩薩修淨土行，而告寶性菩薩言：『諸有情土，是爲菩薩嚴淨佛土。所以者何？諸善男子，一切菩薩隨諸有情增長饒益，卽便攝受嚴淨佛土。隨諸有情發起種種清淨功德，卽便攝受嚴淨佛土。隨諸有情應以如是嚴淨佛土而得調伏，卽便攝受如是佛土。隨諸有情應以如是嚴淨佛土悟入佛智，卽便攝受如是佛土。隨諸有情應以如是嚴淨佛土起聖根行，卽便攝受如是佛土。所以者何？諸善男子，菩薩攝受嚴淨佛土，皆爲有情增長饒益，發起種種清淨功德。諸善男子，譬如有人，欲於空地造立宮室，或復莊嚴，隨意無礙。若於虛空終不能成。菩薩如是知一切法皆如虛空，唯爲有情增長饒益生淨功德，卽便攝受如是佛土攝受如是淨佛土者，非於空也。

復次寶性，汝等當知：發起無上菩提心土，是爲菩薩嚴淨佛土；菩薩證得大菩提時，一切發起大乘有情來生其國。純意樂土，是爲菩薩嚴淨佛土；菩薩證得大菩提時，所有不諂不誑有情來生其國。善加行土，是爲菩薩嚴淨佛土；菩薩證得大菩提時，發起任持妙善加行一切有情來生其國。上意樂土，是爲菩薩嚴淨佛土；菩薩證得大菩提時，具足成就善法有情來生其國。修布施土，是爲菩薩嚴淨佛土；菩薩證得大菩提時，一切能捨財法有情來生其國。修淨戒土，是爲菩薩嚴淨佛土；菩薩證得大菩提時，圓滿成就十善業道意樂有情來生其國。修安忍土，是爲菩薩嚴淨佛土；菩薩證得大菩提時，三十二相莊嚴其身堪忍柔和寂靜有情來生其國。修精進土，是爲菩薩嚴淨佛土；菩薩證得大菩提時，諸善勇猛精進有情來生其國。修靜慮土，是爲菩薩嚴淨佛土；菩薩證得大菩提時，具足成就正念正知正定有情來生其國。修般若土，是爲菩薩嚴淨佛土；菩薩證得大菩提時，一切已入正定有情來生其國。四無量土，是爲菩薩嚴淨佛土；菩薩證得大菩提時，常住慈悲喜捨有情來生其國。四攝事土，是爲菩薩嚴淨佛土；菩薩證得大菩提時，諸有解脫所攝有情來生其國。巧方便土，是爲菩薩嚴淨佛土；菩薩證得大菩提時，善巧觀察諸法有情來生其國。修三十七菩提分土，是爲菩薩嚴淨佛土；菩薩證得大菩提時，通達一切念住正斷神足根力覺支道支圓滿有情來生其國。修迴向土，是爲菩薩嚴淨佛土；菩薩證得大菩提時，其國具足衆德莊嚴。善說息除八無暇土，是爲菩薩嚴淨佛土；菩薩證得大菩提時，其國永離惡趣無暇。自守戒行不譏彼土，是爲菩薩嚴淨佛土；菩薩證得大菩提時，其國無有犯禁之名。十善業道極清淨土，是爲菩薩嚴淨佛土；菩薩證得大菩提時，壽量決定大富梵行所言誠諦常以輭語眷屬不離善宣密意離諸貪欲心無瞋恚正見有情來生其國。諸善男子，如是菩薩隨發菩提心，則有純淨意樂。隨其純淨意樂，則有妙善加行。隨其妙善加行，則有增上意樂。隨其增上意樂，則有止息。隨其止息，則有發起，隨其發起，則有迴向。隨其迴向，則有寂靜。隨其寂靜，則有清淨有情。隨其清淨有情，則有嚴淨佛土。隨其嚴淨佛土，則有清淨法教。隨其清淨法教，則有清淨妙福。隨其清淨妙福，則有清淨妙慧。隨其清淨妙慧，則有清淨妙智。隨其清淨妙智，則有清淨妙行。隨其清淨妙行，則有清淨自心。隨其清淨自心，則有清淨諸妙功德。

諸善男子，是故菩薩若欲勤修嚴淨佛土，先應方便嚴淨自心。所以者何？隨諸菩薩自心嚴淨。卽得如是嚴淨佛土。』

如經所說淨佛土行，一者當於有情修大功德，依於有情乃有淨土。二者當修一切無量功德善妙加行，依於正行乃有淨土。三者總說嚴淨佛土，當先嚴淨自心。隨心嚴淨；佛土嚴淨。勝義正理，微妙如斯。由斯顯示，淨土正行。所以者何？大乘菩薩大悲爲根本故，依於大悲乃求一切智智，乃發無上菩提願行，爲諸有情乃修嚴淨佛土。阿彌陀佛四十八願，爲度有情，乃修如是嚴淨佛土故。卽此顯示菩薩淨土所爲所依。依諸有情，起大悲故。修此淨土，攝益有情故。淨土爲果，正行爲因。欲得彼果，當作彼因。十惡不善，能感三途。有漏善業，能感人天。戒定慧觀，能得解脫，所感既異，能感亦殊。淨土功德，超越三界，亦超二乘，故彼修行，亦異世間善業二乘功德。必能廣攝衆善，超越諸善，修積無量無邊無上甚深諸難行事，而後乃能感得如是妙果也。是故經中廣說菩薩衆妙功德，重因行也。土者境也。境隨心變。蓋在世間，心不淨故，由諸煩惱造諸惡業，由不善業得地獄等器界根身，有漏善業，得人天器界根身。是故經言：三界唯心。以有漏法，皆隨有漏心所變故。有漏如是，無漏亦然。世間如是，出世亦然。如來無上清淨身土，還由無上清淨自心所變耳。故佛淨土，勝出世間善根所起，最極自在淨識爲相。非離於心。有別淨土也。故欲修淨土，當先修治自心。捨心外求，勞而無果。煩惱所知二障既斷，無量功德白法已成，捨彼染識，得最淨心，然後三身四智淨土莊嚴也。此則顯修行淨土，眞實要道也。諸有發大乘心修大士行爲諸有情發大悲心而修淨土者，幸於此義三致意焉。

或曰：修淨佛土如是其難，則佛經中何故復說但念佛名，卽得往生淸淨佛土，乃至十逆猶得十念往生耶？曰，吾之所說修淨佛土者，爲自成辦大菩提果，成自淨土、度他有情。經中餘處復說持名往生等者，彼說以自淨信，仗佛慈悲，生他淨土耳。自成淨土，果德最難、生他淨土因行則易。能度所度，佛果凡夫，境界不同，故經所說互有違異，而實無違亦無異也。佛應化身，應現化土，度諸有情，豈不爲欲彼諸衆生皆同如來修諸正行，成菩提者？故生淨土者，生佛應化之土，受佛菩薩敎化之益，乃能自起正行，歷無數劫，功德成熟，自證菩提，然後復由應化身示現應化土，度他有情也。吾人應當了知生淨土者，修行無退，功德無邊。然復當知，非謂生淨土已，便可無事，直成正覺。諸佛菩薩、歷劫生多，承事無量無邊恆河沙數諸佛，生於無量無邊淨土，修行無量無邊難行正行，然後乃成無上菩提淸淨佛土耳。前佛如是，後佛亦然。是故吾人當於佛土發願往生，而不可說但求往生餘可無事。當知但求解脫，二乘所爲。微幸享樂，凡夫之志。卽此便與大乘菩薩，勇猛精進，大悲願力，根本相違、何能與佛悲智相應。既不相應，何能往生？設若執持念佛法門，便謂一切了當，大乘經典六度萬行皆可不讀，皆可不行，則如之何不成謗法而塞絕菩提之路也？又復當知持名往生，亦非易事。經云，若一日，乃至七日，執持名號一心不亂，臨命終時卽得往生極樂國土。此一心不亂，最非易事。臨命終時，能得一心不亂者，尤非易事。是非利害不動於中，生死不亂於意者，臨命終時，苦痛煎逼，恩愛別離，未有蕭然解脫寂然不動而往生者也。故卽彼臨命終時一心不亂，卽徵其人原有無量福德善根，不爲生死恩怨所動，不爲煩惱所惱。如斯人者，必得往生，又何疑也？如是人者，豈於念佛持名之外，一善無爲者乎？是故經言：不得以少福德善根而往生也。十逆惡人臨終念佛，亦復如是。觀經下生三品，皆是菩薩種性。異於中品往生皆二乘者往生皆發大菩提心故。由是知彼善根煩惱皆重，自以多生善根而得往生，亦何異也，然此所生，皆變化土耳。所見之佛，亦化佛耳。又義，入彼漸次修行，乃得聞法見佛耳。又或有謂淨土念佛定不往生者，彼與如來大悲願力應化多身之說，亦大相違。佛尙爲三惡趣分類化身，何獨於彼知念佛人不加度濟耶？若爾，變化多身，及現化土，復有何用？以化身土，原爲化度資糧菩薩二乘五趣有情而示現故。故吾謂修大士行者，於佛身淨土應發極深殷重信心，亦當勤修念佛三昧，由此信願而修菩薩一切正行。因位往生諸佛淨土飡愛法樂果位示現無邊身土攝受一切有情。如三世諸佛諸大菩薩之所行證，我亦如是而行而證。是之謂菩薩善修淨土者也。外此有說，皆非中道。諸有志者，其共察之。

如是已說諸佛法身功德淨土正念正觀及正修習。餘有數義，應更抉擇：

謂有難言：諸佛法身功德自在，應於世間度盡一切，云何現見世間有情貧窮下賤不蒙布施，又諸有情造業受果流轉無窮，諸佛威力復何在者？

答：佛法正義，與外教別。以彼不立主宰，無有制馭有情者故。佛說諸佛與諸凡愚有情平等，各隨自心業果相續，佛以淨業成淨身土，凡夫以染業流轉諸趣，業隨心造，報由心得，業識既殊，受果亦異。故佛於有情，無有主宰。若爾，豈非佛與凡夫無相關係耶？曰：是又不然。雖無主宰，有功能故。所謂有功能者，能作增上緣說法敎化令自度脫故。佛所說法眞實不虛；所化有情亦無邊量。吾人之所以得有正知見不造諸惡者，皆佛於我已施度濟也。云何說言無關係耶？然雖說法敎化有情，彼無緣者自不被敎。或雖被敎，而不信受，則佛雖慈悲亦無如彼有情何耳。此如逆子背父，豈父之過耶？攝大乘論答如斯難說有頌言：

有情界周徧，　具障，而缺因，　二種決定轉，　諸佛無自在。

言具障者，有三種障：謂煩惱障，業障，及異熟障。猛利煩惱，名煩惱障，五無間業，名爲業障。愚戇頑嚚名異熟障。由是三障不蒙佛敎，不生淨信，故佛於彼不得自在。言缺因者，以彼無有三乘聖道種故，諸佛不能令得涅槃，無有自在。二種決定轉者，謂作重業決定，及受異熟果決定。由彼具障缺因故二種決定，佛無彼何也。

又說世間現有衆多貧窮下賤有情，諸佛菩薩神通自在，何故不蒙施濟者，攝大乘論答此難云：「見彼有情於諸財位有重業障故，見彼有情若施財位障生善法故，見彼有情若乏財位厭離現前故，見彼有情若財施位卽爲積集不善法因故，見彼有情若財施位卽便作餘無量有情損惱因故，是故現見有諸有情匱乏財位。』此中有情於諸財位有重業障者，謂彼有情由宿業故應得貧窮，雖得財位不得受用。如諸餓鬼，於有水處自成膿河。諸貧賤人雖得財位，反致病苦，不得受用。菩薩見此，是故不施。若施財位障生善法者，有多有情於貧賤時能奮發精進修諸善法，若得財位反起憍情不修善故。若乏財位厭離現前者，由貧賤故能起無常苦想修厭離故，若得財位便生染著。若施財位卽爲積集不善法因者，由彼素性不良，施之財位卽便博奕淫亂等爲惡因故。若施財位便作無量有情損惱因者，此如借寇以兵，而資盜以糧，彼於有情作無邊損惱業故。以是諸因，諸佛菩薩現見有情衆多貧賤，而不施與一切財位。

或復說言諸佛法身廣大無邊徧虛空處，云何有情而不見耶？攝大乘論釋是頌言：

衆生罪不現，　如月於破器，　徧滿諸世間，　由法光如日。

世親釋云『如破器中水不得住，水不住故，月到不現，如是有情身中無有奢摩他水，佛日不見。水喻等持，體清潤故。徧滿諸世間由法光如日者，謂今世間佛雖不現，然徧一切施作佛事，由說契經應頌等法，譬如日光徧滿世間作諸佛事成熟有情故。』又說無垢稱經：『佛告舍利子言，世間日月豈不淨耶？而盲者不見？對曰：不也。是盲者過，非日月咎。佛言：如是，衆生罪故不見世尊佛土嚴淨，非如來咎。』佛身淨土雖徧世間，衆生不見，皆由善根未熟，障縛未斷，心識懸殊，故不見也。詳釋斯義，應依唯識道理乃克明之，此亦不述。

或謂佛身常住變化自在，云何釋迦如來此土示現唯壽八十而涅槃耶？攝大乘論云『由六因故，諸佛世尊所現化身非畢竟住。一所作究竟，成熟有情已解脫故。二爲令捨離不樂涅槃，爲求如來常住身故。三爲令捨離輕毀諸佛，令悟甚深正法教故。四爲令於佛深生渴仰，恐數見者生厭怠故。五令於自身發勤精進，知正說者難可得故。六爲諸有情極速成熟，令自精進不捨軛故。』諸佛如來因機示現，攝化隨緣。緣至而現，緣盡而捨，無可無不可，故能方便善巧不增他過。變化身雖時起滅，而無礙於有爲無爲常住實身也。

或謂諸佛法身無不平等，云何釋迦如來生濁穢土，形壽短小，阿彌陀佛淨土莊嚴。身形壽量命皆無量耶？曰：隨所化生，異熟有異，故佛示現，各各不同。旣非實身，故可差異。然一佛身化現無量，當知皆有淨穢形壽種種差別。釋迦如來於餘世界亦現淨土及長壽身，如首楞嚴三昧經中說我世尊同時現在東方去此世界三萬二千佛土莊嚴世界作佛，號照明莊嚴自在王如來，壽命七百阿僧祇劫，說法度脫無量衆生故。又說上方過此世界六十恒河沙佛土，有佛世界名一燈明，功德莊嚴，說之一劫猶不能盡，彼國無有聲聞辟支佛名，但有諸菩薩僧，常說不退轉法輪，佛號示一切功德自在光明王，彼佛卽我世尊釋迦如來故。如是我佛，於無量無邊世界皆能示現一切身土，度諸有情也。旣釋迦佛能於無量世界示現淨土，當知阿彌陀佛亦當於餘世界隨所化生示現穢土也。否則如來悲願，應有不偏。諸佛功德無不平等，或謂阿彌陀佛淨土莊嚴超過諸佛，亦有謂釋迦如來生五濁惡世度諸難度有情大悲大願超過餘佛，此皆不達如來悲智平等平等者乃有此分別想而皆不如正理者也。諸佛無量，佛土無量吾人雖可隨願隨緣別別往生，然切不可於諸如來功德身土生差別想也。所以者何？一功諸佛，無不平等故。

或謂有情無邊度之甚難，衆生未盡卽佛之功德願行未能圓滿。設衆生有盡，則有佛何用？卽彼悲願遂隨之而盡耶？曰：一切有情各具種性，因果法爾各自成流。是故佛既成佛，功德斯圓。不隨有情之已度未度，而德有減增。亦不隨有情之已盡未盡，而德有存廢。設其無盡，悲願卽與之而無盡。設其有盡，則同成正覺，共同受用無邊法樂，亦與之而無盡。所以者何？圓滿者，自圓滿故。無盡者，自無盡故。復更當知：有盡無盡，本妄分別。吾人現見有未度者，卽當發起大悲願心，不當計彼可度不可度，有盡與無盡故。如是說如來法身淨土竟。

卽此法身名無上菩提，果名大士行果。合此大士行，及大士行果，總名大菩提。雖諸菩薩亦斷雜染，亦證涅槃。然彼發心，爲度有情，求一切智，異諸聲聞但求自身解脫，故名發菩提心，不名發涅槃心。由斯證果，名證阿耨多羅三藐三菩提果。以是因緣，本篇卽名大菩提論。

無上菩提因行果德，廣大甚深。非諸大士入地菩薩，孰能通達？我王恩洋，住凡夫位，煩惱困縛，慧眼未開，云何能知能說能示？僅依如來諸大菩薩甚深敎海，諸聖言量，以聞思智勝解淨信，慇勤論述。所有功德，迴施有情，積集資糧，共成正覺。

人生學跋

今之爲人生哲學者衆也，要皆不過摭拾西洋哲學科學之緒餘，間或附以東方聖哲相似之義，已爲美善矣。夫西方哲人本未實見於人生之眞際，更無躬行實證足爲人類皈依，是以異說紛紜，互相矛盾，西學彌昌而世亂彌甚，有由然也。而東方聖人之敎，又衰敝既久，廢莫能興，茫茫世間，誰與救乎？余爲斯懼，用作此書。中間針對時弊，昭顯至道，藉往聖之光明，燭塵世之昏暗。前後四篇，都二十八萬餘言，世出世道，陳義略云備矣始於壬申之春，卒於癸酉之冬。此二年間，世事劇變，赤禍頻驚，人民播遷，釁舍輟講。而此書克於此時此境中成之。謂非諸佛菩薩慈悲加被之力乎？諸讀是書者，幸惟人世之顚危，書成之不易。起大慈心，發大願力。人心陷溺，思與正之。世事糜濫，思與救之。躬行實踐，以身先之。共濟顚危，咸登彼岸。則此書之作爲不唐捐矣已。

附論中國之宗敎

吾作人生學既成，取王君治心中國宗敎思想史讀之。其序述吾國歷代諸敎之盛衰起廢，可云明析周備矣。因而發生數種感想，並自作解答。緣是而推定此後文敎之興廢，確然有據。益以見吾人生學之作，爲斯世導夫先路，範人生於正軌也。附錄於次，以爲此書之殿。

所云吾對中國宗敎史發生之感想者：

第一，世界各國如果歷史最久文化最發達的國家，若有異樣的宗敎發生，如果是從自民族中自然生起的，則必有宗教的革命。如果是從外國傳入的，則必有宗教的戰爭。中間殺人流血之禍必然是不可免的。而且新舊衝突之後，必然的以勝者爲國教，而對其失敗者爲嚴厲的壓迫。此種現象常常見於西南亞洲及歐洲民族之間。此如耶教，猶太教，回教，印度教者，無不如是，常起衝突。卽同居耶教而新教舊教亦常起衝突。獨在中國宗教上，從無所謂革命，亦無所謂戰爭。縱然有三武一宗之對於佛教的摧殘，但均不過是少數的道士假藉君主在政治上的威權濫施，絕非民族宗教思想意識的普徧衝突。並且道士君主雖如此的濫施威權，絕不能稍稍轉變人民的信仰，反而增加人民的厭惡，斥爲暴惡，而愈加對於佛教的信心。所以君主一旦死亡，其所禁止壓迫的教，馬上復興。這是中國宗教史上的一大特色，吾人應當注意而力求解答的。

第二，中國在秦以前所有的教，所謂九流六家，到後來流傳久遠者，唯儒與老莊而已。其外來的教，如佛，如耶，如回，如妖等，最能深入人心，歷千餘年而不墜的，唯佛而已矣。其餘回敎，在漢族中最無勢力。耶則數起數絕，妖則如曇花一現而已。此其故何哉？是爲吾人所當留神研究而亟求解答者也。

第三，世界各國的宗敎，每每侵入政治範圍，政權敎權幾不可分。此種現象到現世紀方才改變。然在中國，則政敎分離，爲時最早，從無敎皇等之出現。此亦吾國宗敎史上之一特別現象，爲研究中國宗敎思想史者所當留意而進求其所以然者也。

第四，觀於中國宗敎史蹟之所告示吾人，對於中國未來的宗敎，應當取何種態度，如何利導，如何防制，如何建樹？抑當預測中國未來的宗敎爲何敎何宗始能存在，抑或全不存在。在觀既往所以占未來，此在作史者及讀者，並當留心討究者也。

以上是我讀了該書後所生的感想和提出的問題。以下是我個人的解答。

我對第一問題中國何以歷史上無宗敎的戰爭與革命的解答，是因爲中國固有的文化最是缺乏宗敎性質的。何謂宗敎的性質，雖難一一詳說；但最要的一點，是要捨棄自己的理智，而爲神聖的信仰。此之神聖，或名之曰上帝，或名之曰梵天，或名之曰神總之是超然於人世間而爲創生萬物賞罰善惡的主宰他的地位如彼其高，他的權能如彼其大，所以吾人但當服從信仰而不能懷疑討論。如是的主宰吾人何以知有？那不是由理智推證出來的，也不是現眼看見的，而是從創敎的人傳敎的人說給我們的，我們便當信從他。如象摩西耶穌穆罕默德以及洪秀全等，他都說他是上帝的親生，是上帝的使者，當面受了上帝的命來指揮敎化人的。我們既信他是現見的，話是眞實的，所以也就信上帝是有的，而且是超然無對主宰一切的了。因爲我們信他，服從他，所以他的敎戒我們應遵守了。這便叫做捨棄自己的理智而爲神聖的信仰。這種信仰，確有他的好處用處。好處用處安在？便是第一：人不定是好的，如果依着自家的性情慾望去作事，一定會造出許多罪惡來。今天有了宗敎的信仰，捨棄自己，而信服上帝。而且不但信服，兼又有了敬畏。敎主的戒條，當然是經過考慮，多分具有道德性的。所以便就不肯，而且不敢爲非作惡，並且還可以爲善了。這就是宗敎的好處與用處。又人類如果莫有同一的信仰，而各憑私人的意思作事，自然是個人主義各行其事，而不相聯結的。今有了宗教同一的信仰，當然便成了羣體了。所以化個人爲羣體，使他能爲羣衆而服務，當然以有宗教的信仰爲最有用。這又是宗教第二種的好處。因爲這樣，耶回猶太印度諸教便能生長發達於世，以迄於今。現今的人，因爲科學發達，便想毀滅宗教。我以爲如果能將宗教的兩種好處用處代替得了，宗教是可以不要的。如其不能全代，那到難得將他毀滅了。但是宗教雖有這兩種好處，也便有不好的壞處。因爲他的信仰是不由理智而得的，並且對於所信的神聖看得太獨一無二了，對於所受的戒禁，所有的制度看得太尊嚴了，所以他對於異樣不同的宗教制度學說等等，也便不能用理智的考慮容納，都以爲是外道邪說而與我不並容了，因此便常常起了對異教的敵視仇恨心。所以如果有異教發生，除了用武力的革命與鬥爭，是不能存在的。因此異同新舊的宗教，常常會有壓迫戰爭仇殺之事發生，這是順而易的趨勢。同樣而第三個問題西方宗教每以教權而侵入政權的原因，也是爲此。因爲他既以他的信仰教條視爲獨一無二至高無上而不願有異己的宗教存在，而又不能以道理說服人，德行感化人，當然唯有藉威權武力以壓服人之一法了。因此便會由教權擴張爲政權，同教之左手持經，右手持劍，固是最顯著的表現。其他耶教的教皇勢力高於一切，而成歐洲中世神權史，也是這同一理由產生的。所以世界的宗教，少有不排外而濫用威權者也。宜其爭殺而無已也。所以羅素痛罵宗教，說爲殺人之具。獨有我們中國的文教，最乏宗教的性質，所以中國歷史上也就免於宗教之革命與戰爭了。如何說中國文教最乏宗教性質耶？即是說中國的文教，素不建立一有人格的上帝神天以爲吾人崇敬的對象，而强人棄其理智而信仰之也，中國在三代以前，本有天的敬畏，亦有上帝的承認。但是不成爲制度宗教的信仰對象。而且不以此强迫一般的人民信從。郊祀之禮所以祀上帝也，然唯天子乃可以祭天。諸侯則但祭其社稷，士庶人則但祭其祖而已。故天與上帝雖爲諸神之最高者，而幾爲天子一人之專祀品。況古人之解釋天也，又不賦以最高無上而有人格具體的表象，而反求其意志情感思想於一般之人民。故曰：天聰明，自我民聰明。天明威，自我民明威。乃至天視自我民視，天聽自我民聽。又曰：民之所欲，天必順之。是以湯武革命順乎天而應乎人。是則天人一也。不離人以求天，則天但有普徧性，而無獨尊性。以是爲天，已缺乏宗教之意味。及孔老出，而以天爲自然生化之理，則更捨宗教而入玄學之途矣。至於國人一般之尊祖祭先，此乃不同於宗教之信仰，純由一種愼終追遠人情道德自然之理而出發。既無所謂迷信，亦不排斥他人。蓋我有父母，人亦有父母，追思之情不能自已而祭祀之，何所謂迷信，亦何能排斥他人也耶？是故中國自古迄今，無所謂宗教者存也。既無宗教，何以調節人心而成治道耶？曰：中國不恃宗教，而純用文教。所謂文教者，廣義言之，卽文化之別名，卽宗教亦包括其中。今此所言，則爲對宗教而爲名，蓋異夫以唯一宗祖之信仰爲教，而以人類德慧術智所發現之人道以爲教，如是名爲文教也。如是之文教，其在儒家，則名爲仁義道德，而著見於禮樂。禮樂者，仁義道德之文，所以調治人心，和協人羣，而出治道者者也。近人亦名此種學說爲倫理也。孔子曰，文王既歿，文不在茲乎？又曰，周監於二代，郁郁乎文哉！吾從周。皆謂禮樂人倫之敎也。其在書曰：禹乃誕敷文德。又曰：聲敎訖於四海。如是文德聲敎，卽所謂文敎也。文敎之不同於宗敎者，不以獨一無二之神聖強人信從。而以順情合理之人道，開示曉喩，使人格化而自然信從。是以中國古代聖哲相承，重王道而賤霸功。何謂王道？以德服人，使人心服之謂王道。何謂霸功，以力服人，使人不敢不服之謂霸功。故王道賤威力，而霸功恃威力也。王道者文敎之形於政治者也。宗敎者，霸功之著於敎育者也。上帝主宰執賞罰之大秉，而使人恐怖，不敢不爲善而禁惡焉。假神權以威衆，與用武力以服人無二道也。固不必左手持經，右手持劍者，乃爲用威力以強人信仰而已矣。中國於敎育旣捨宗敎而用文德，於政治復重王道而黜霸功。故天然的養成民族之重理性，與寬大優容之量。由其重理性，故於任何宗敎無狂熱之迷信。以其有寬大優容之量，故於異敎之興之來，無所用其壓迫與嫉害也。旣不以武力殘害異敎，還能用理智以徐測人之短長而斟酌取捨。故亦不激怒異敎徒之心意，生其陰謀，反抗暴亂，而皆以合理的方法而自圖生存。故不生起宗敎之革命爭亂，而免去人類殘酷之大罪也。其所以能免此者，以其民族之重理性而大量包容。其所以能如此重理性而大量大容者，以其本無有頑梗不化之信仰與迷信存乎其心也。卽以其原來無有宗教也。以其原無宗教，故能優容一切之宗教而不受一切宗教之毒害。此吾對第一問題之解答也……按此中所云中國素無宗教迷信者，不可以古代近代之拜物，敬鬼，巫道等之迷信以相難。當知此等，尙不足以云宗教，以其無左右社會民族心志之精神魄力，不成宗不成教也。又說中國對異教新教大量包容者，亦不可以歷代之反教風潮相難。當知此等無組織無暴力之反動，直等於個人學說上之判評。雖時亦假藉政治之力而行，然均一時的，少數人的，非某教全體民衆對異教之壓迫也。縱有人不承認吾之說爲盡然，然而終不能否認中國原無固定之宗教，及對異教大量包容之民族性也。

對於第二問題的解答，是因爲中國人最富於理性，所以外來的宗教亦必其最富於理性者始克深入人心，乃可久傳不絕。外來諸教中，最富於理性者，佛教而已。故佛敎之流傳最久而入人最深。蓋佛敎亦非宗敎之敎也。所謂非宗敎之敎者，以其不承認建立一不可現見不可比知的超然絕對的神天上帝，以爲宇宙萬類之主宰，而施其賞善罰惡之權，以恐怖人而使之絕對信仰也。他的敎旨最要的有兩方面：一方面則說諸行無常，諸法無我。一方面則說因緣生法，業果輪迴。他的目的則在自度度他，解脫生死，涅槃寂靜。既說諸行無常，諸法無我，自內常一之我倘且以爲無，有況離乎有情外別有唯一之上帝神天以爲主宰耶？既無主宰，故諸法之生不從上帝神天生，但從因緣而生也。此因緣生法，因果隨順，故有情所造之業善惡既有不同，因而其所得之果報亦異。由是而禍福苦樂，不待神天之賞罰而報應自爾昭然。種瓜得瓜，種豆得豆，自然之理而莫由苟免。則雖不立有身外之神天上帝，而人安可以苟且爲非不努力爲善也？故不假借神權，而自亦不能不愼修業果，此與中國故有之文敎全不衝突者也。乃佛法之言業果相循也，不限於一世。彼觀察實證一切有情之生命相續也，乃前之無始，後之無終，而皆隨業報以緣生。說業有善惡不動種種不同，果亦人天地獄餓鬼畜生五趣差別。業盡報盡，轉由餘業復生餘趣，由是五趣輪迴，生死不絕。是故人有造善造惡而今生不克食其報者，異世他生，必食其報焉。其有今生不勞而獲之福，及意外橫來之禍者，又無不由前前多生善業惡業之所感也。故中國固有之爲善得福爲惡得禍，凡周易尙書中庸惠廸吉從逆凶作善降祥，不善降災，乃至大德必受命等說，所不能通於現世者，皆可以佛理業果三世之說完全解答。而又不憑藉宗敎上帝神天之主宰，又高於儒道所云之天道，此其說之圓滿而理性也何如哉？佛法雖謂世間善業可得人天富樂之福報，乃又以勝義之理說此三界五趣皆是有漏，皆是其苦，彼乃不躭著此三界之享樂，而求生死之解脫，則所謂涅槃寂靜者是也。此其高於宗敎之求生天國神仙之求長生，又何如？乃其大悲願力，又不但求一己之解脫，而爲一切有情求解脫。六度四攝，不捨衆生，不捨生死，不住涅槃，此其崇宏偉大又至於是。故世間諸敎，唯有佛敎爲最極究竟也。其不假神權而尊崇理性如此，其崇宏偉大又如此，然使素有宗敎迷信之執者，則驚嚇震怖而弗能容也。故佛法雖興於印度，而終爲彼土有之婆羅門教及後起外來之印度教回教所嫉忌壓迫，乃至滅亡。所以者何？以其固有宗教之僻執佛教如欲在彼生存，則亦必能摧破之而後能存。故佛教中極多破斥外道之文字，不稍假借，蓋以此也。及佛教內部之勢力漸衰，而外道得勢，則摧殘之不能並容矣。唯於中國不然，中國文教之主流爲儒者，儒固非宗教也。以不執迷信之儒，故能於此偉大精深之佛包涵容納之，而聽其發皇。雖間有闢佛之人，而終不能不爲佛法所屈。此如韓愈歐陽修之徒是也。宋明儒者，雖屢起異論，然終未嘗以暴力相加，終且多皈心焉。有魄力有宏量有遠識之儒者，鮮有不爲佛教攝去者。故宋明儒者，有漢唐以後儒門無才，以人才多爲佛教收去了之說。蓋實然也。於以見中國人之崇敬皈依佛教，多爲第一流之人物也。而此非有儒教培植之基礎，又安能服理信道如是之誠哉？儒既不礙佛，佛亦不礙儒。是以自古學佛者，未有破斥誹毀儒教者也。此與對印度外教之態度不同也。自是數千年來，儒佛兩家，成中華民族飢飱渴飲不可一日而離之教。儒主世間修齊治平之業，佛主出世戒定解脫之道。分途並進，互助相依，而不相違背，以成中華二千年來民族精神上光明燦爛之文化，不其懿歟？彼其所以能深入人心而永存不弊者，以其全無宗教之迷信，而理性醇深，與中華民族之固有良德相孚順也。其餘諸宗教，既乏理性之質素，是以來中國不能得上流賢智之人之信向，一時雖得暫行，久則爲人所厭而弗能自存矣。抑更有奇者，如回教之於唐宋，耶教之於明清，其初入傳教之方法，多以天文歷數，醫藥，工藝，科學知識爲介紹，漸漸以求得中國人之信心，而後乃以上帝天主之教進也。夫科學本與神教衝突，（科學初興，常爲耶教摧抑，多數科學家咸受教皇脅迫，有遭焚殺之禍者。）而教士乃不得不以彼爲利用之工具者，豈不以中華民族文明素高，理性之陶養也深，弗可以神權迷信而誘致威脅其心志也耶？唯以其教義素缺理性，是以終不與國人之習性高尙之文明相合，久之不被儒佛含攝以去，自然同化於不覺，則有陰趨銷滅而已。夫回教本爲左手持經右手持劍之教，乃入中國，其開明之教徒，乃尊崇孔子，誦習六經，是非其明驗歟？耶教之援引儒佛以釋彼聖經，亦此故也。（參看該書一四五頁一八〇頁諸文）第三問題教權所以不侵入政權者，亦以國人重理性之故。為政者不假迷信以鉗束人心，為教者不假武力以強人信仰，是以政教別途，而各行其道，不相假借，亦不相侵害。此亦即儒佛並行而不相害之理。其他宗教欲以武力而行其道者，遂失所憑藉矣。

由上三種現象，故今後中國宗教之趨勢可得言焉。第一，中華民族者富於理性之民族也，稽於往古之史蹟，非理性的宗教，必難生存於中國。故耶回等教，必將日就消滅。於何驗之？外則驗於國人對於科學情趣之熱烈，內則驗於近日耶教內部之改良是也。所謂對於科學之熱烈者，自海道大通，西學東漸，耶教始焉利用科學以推行其宗教，然科學既日益發達，於中國已取舊日儒教教育之權威而代之。一般知識階級，幾全數投入科學，而對於宗教之情緒轉薄也。故耶教始利用科學以傳教，終則以科學自摧毀其教。此觀於近日之反宗教運動，不出於佛，不出於儒，而乃出於科學思想之青年學生，可以見矣。科學日日進步，宗教乃日日後退。今方將取締其教中最根本最重要之迷信而不傳，而但致力於社會之服務，與人格之修養，（參看該書末段）如此，則何必宗教始收其功，儒學已優爲之也。故今之耶教，既日求其理性化，即無異日淡薄消滅其宗教之色彩，如是減之不已，則焉有所謂宗教者？耶教之趨勢如是，回教之素不能得漢族智識階級人之信心者，彌難以其剛性的教義入科學化，理性化之今日社會也。耶回之教既不克，與其他任何宗教更難興起。故將來非理性的宗教，有日趨滅亡而已矣。夫宗教科學同入中國，而科學勝利，宗教失敗者，何也？曰，此無他，以中國人性素重理性而賤迷信，科學者理性之質素多，有以合國人之習性故耳。

第二，中國將來必仍爲理性的非宗教的之教復興。異言之，仍爲儒佛之重光而已矣。此言何謂？蓋有崇信科學者，以爲新起之宗教既當日就衰頹，而舊有之儒佛又早已衰頹，將非科學獨霸中國耶？曰，是不然。科學所以不能獨霸中國者，以科學自身之不健全，其流弊與宗教同也。何者？蓋科學之內容多偏於外物自然之研討，與工業之製造。但可以爲人身生存利用之具，而於人心精神上之調制修養受用，及對於人羣治道無所發明，不足以應人生之所需求也。苟人心失其調養，則物質文明愈發達，人欲愈肆，愈足以爲人羣之害。此則近日科學發達所已成之果報也。前既言之，人性不盡善，如果順人之情欲而爲之，必然造出許多罪業來。以是焉乃有宗教之產生，使不任己而任神，以其不肯不敢之情而後免於罪戾。如是之作用，科學能代替補救之耶？科學既不能代，故宗教科學在西方，乃亦齊驅而並行。而人類乃呈現此矛盾之生活：一面理智發達，科學大興，一面又頂禮服從於不可知無所有之上帝之前也。然此矛盾之現象，終不能久。意者，必有非宗教之教興，以其合理之教義，易宗教之迷信。以其心性之修養，救科學之窮。是則何教？曰儒教佛教是也。儒以治世，佛以化民，使人去偏激迷妄之途，而入光明之道。是非今日世界所急須歟？固不獨中國爲然耳。故吾謂儒佛之重光，非但復興於中國而已矣，必將大行於世界無疑焉。然則中國文教之前途正廣大而不可量也。何以故？以人類今日，理性已發達，文明已進步，舊有之宗教不適於生存，而科學又不能獨行故。第三吾人如果欲推行儒佛之教，將何道之從耶？須假借政治之力耶，須强人以信從耶？，曰否，否，一無所須。儒者主政，政在王道，化民成俗，不尙武力。佛法超乎世間，尤不須利賴政治，而且尤貴乎超夫政治，而後乃可以大行也。所以者何？佛捨王位，捨政不治，乃成正覺。以其敎法，普化人天。天子不能臣，諸侯不能友，崖棲谷飲，逈出風塵，而後乃能表範人天，風動天下也。但能眞修實踐，昭其信向，則我不求童蒙，童蒙求我。居其所而衆星拱之。道化自行也。歷代高僧之宏揚正法於中國胥此道也。切不可依賴政治勢力，隨之而興，亦可隨之而倒。唯德性道義深入人心者，乃可歷風雨而不飄搖耳。其對於異敎，更不可利用武力而干涉之，激其憤怒，啓其陰謀，則爲人羣之害也。唯理性可以深服人，俾之自歸心焉可耳。也理可溫之於元，耶敎之於太天國，皆隨其興亡以興亡，可爲明鑑。故中國佛敎，從不恃政權以興，更不假政權以陵人，此其光明宏偉之大道也。

吾讀王君此書既竟，深感中華民族性之開明偉大，對於人類文化前途有無限之希望焉。今雖爲西洋物質文明所屈，然決不可失其自信力。回顧已往歷史文敎之璀燦光明，人民受甚深宏偉之教之薰陶涵養之久遠，而當此世界科學發達宗教崩潰人心失其調御岌岌不可終日之際，吾知必有開明偉大理智甚深之教，始克起衰而救其弊。非吾民族固有之文教——儒佛，其誰勝任也？故國人彌不可不自勉焉。王君此書敍事明達，心無偏袒，而能發吾深思。史識雖若不足，而史德則無玷焉。是好書也。特此致謝。至吾此文隨意書感，未能詳盡，更有許多較小問題未及提出，待緣再說耳。

後序

人生斯世。所宜究心者。其惟世出世間正法乎。世間法。有爲法也。出世間法。無爲法也。孔子世間法聖人也。而實出世間聖人。非出世不能入世。釋迦出世間法聖人也。而實入世間聖人。非入世不能出世。世出世間。寧有二哉。孔子之道。本於天性。道德仁義。禮樂政刑。皆天性之倫脊也。其道始於誠意誠身。歸宿於至誠。故能推中和於天下。

盡性命於人物。禮儀三百。威儀三千。經綸宇宙。參贊化育。譬如天地之無不持載。無不覆幬。可謂立人道之極矣。釋迦之法。根於一心。說聲聞乘。獨覺乘。菩薩乘。種種方便。開示羣萌。咸使悟入圓滿空寂廣大靈明之妙心。以引發大慈大悲及餘無量無邊佛法。由此勢力，畢竟不起慳貪犯戒忿恚懈怠散亂惡慧雜染之心。以臻於阿耨多羅三藐三菩提。綜其要則曰戒，曰定，曰慧而已。故佛敎攝化十方。利濟九有。夐乎莫及也。果州王恩洋居士。夙治儒學。長通佛理。念世亂之無已。悲民生之多艱。人失正知。行乏正軌。在迷者捨本逐末。自修者空腹高心。乃本儒釋要義。撰人生學四篇。擇焉而精。語焉而詳。可以擊蒙。可以破惑。儒者得之。足以已空疎之失。杜支離之弊。宗門得之。足以救豁達之空。防儱侗之處。淨土得之。足以獲圓通之相。識修證之階。由是躬行實踐。眞參實悟。成己成物。自利利他。世敎於焉大明。人生於焉至足。豈不懿歟。豈不懿歟。甲戌仲春之望。從化謝慧霖知周氏拜序。

國家圖書館出版品預行編目資料

大菩提論：人生學. 下 / 王恩洋著. -- 1 版. -- 新北市：華夏出版有限公司, 2023.04

面；　公分. --（Sunny 文庫；250）

ISBN 978-626-7134-33-7（平裝）

1.CST：佛教修持

225.87　　111010027

Sunny 文庫 250

大菩提論：人生學（下）

著　作　王恩洋

印　刷　百通科技股份有限公司

電話：02-86926066 傳真：02-86926016

出　版　華夏出版有限公司

220 新北市板橋區縣民大道 3 段 93 巷 30 弄 25 號 1 樓

電話：02-32343788　傳真：02-22234544

E-mail：pftwsdom@ms7.hinet.net

總經銷　貿騰發賣股份有限公司

新北市 235 中和區立德街 136 號 6 樓

電話：02-82275988　傳真：02-82275989

網址：www.namode.com

版　次　2023 年 4 月 1 版

特　價　新台幣 480 元（缺頁或破損的書，請寄回更換）

ISBN：978-626-7134-33-7

《大菩提論》由佛教書局授權華夏出版有限公司出版

尊重智慧財產權・未經同意請勿翻印（Printed in Taiwan）